Die besten

BEWEGUNGS-SPIELE

für Krippenkinder

Impressum

ISBN: 978-3-96046-088-6

Die besten Bewegungsspiele für Krippenkinder

Klett Kita GmbH
Rotebühlstr. 77
70178 Stuttgart
Internet: www.klett-kita.de

Redaktion: Myriam Bork
Redaktionelle Mitarbeit: Nicole Woratz
Autoren und Fotografen: Britta Bartoldus, Petra Bartoli, Marion Bischoff, Kati Breuer, Kathrin Eimler, Annegret Frank, Katja Krettek-Pingel, Aline Kurt, Michaela Lambrecht, Anna Neef, Tina Scherer, Theresa Schuster, Christina Ziehn
Gestaltung und Satz: DOPPELPUNKT, Stuttgart
Druck: Grafik Media Produktionsmanagement, Köln

Kontakt
Telefon: 07 11 / 66 72 58 00
Telefax: 07 11 / 66 72 58 22
kundenservice@klett-kita.de

Gedruckt auf chlorfrei gebleichtem Papier.

Für jedes Material wurden Rechte nachgefragt. Sollten dennoch an einzelnen Materialien weitere Rechte bestehen, bitten wir um Benachrichtigung.

Bibliografische Information der Deutschen Nationalbibliothek. Die Deutsche Nationalbibliothek verzeichnet diese Publikation in der Deutschen Nationalbibliografie. Detaillierte bibliografische Daten sind im Internet über http://dnb.d-nb.de abrufbar.

Bildnachweis:

Freepik.de
S. 32/33: photographeeasia

Gettyimages.de
S. 4/8: Jose Luis Pelaez Inc | S. 4/21: Ballyscanlo | S. 4/40: PeopleImage | S. 5/52: Jupiterimages | S. 5/70: Sarenac | S. 6: Kate_sept2004, JohnAlexandr, CiydemImages | S. 7: Cecile Lavabre | S. 10: Image Source | S. 15: Damircudic, Fcafotodigital | S. 17: Borche | S. 19: ArtMarie, Cmannphoto | S. 20: Valeria Blanc | S. 29: Georgeclerk, Muenz | S. 30: AlpamayoPhoto | S. 33: MNStudio, Mickis-Fotowelt | S. 36: Skynesher | S. 43: Mmg1design | S. 46: LSOphoto | S. 49: DamianKuzdak | S. 54: SolStock | S. 58: Fiona Rogers | S. 66: Kovacicle, ArtMarie, Stitch23 | S. 68: Orbin Alija, Jair Fonseca | S. 75: Pixelprof | S.78: Amriphoto, Freder

Bildnachweis Cover: Gettyimages.de/Portishead1

INHALT

Kapitel 3: Spiele für drinnen und draußen

Kapitel 4: Bewegungslandschaften

Kapitel 5: Bewegen und entspannen

IMMER IN BEWEGUNG

Mit Krippenkindern Bewegungserfahrungen machen

Nie mehr entwickeln sich Kinder so rasant wie in den ersten drei Lebensjahren. Immer wieder überraschen sie uns mit neuen Fähigkeit: Eben erst konnten sie selbstständig sitzen, sind dann durch die Welt gerollt und gekrabbelt und schon klettern sie die Sprossenwand hoch und lassen sich mutig wieder auf die Matte fallen. Krippenkinder sind wahre Bewegungsprofis. Ihr unbändiger Wille, sich zu bewegen und die Welt zu erobern zeigt sich jeden Tag. Bevor Kinder sprechen können, ist ihre Körpersprache die einzige Möglichkeit, mit der Umwelt zu kommunizieren: Sie reagieren auf das, was passiert, und freuen sich, wenn sie selbst Reaktionen in der Umwelt hervorrufen.

Deswegen ist es so wichtig, den Kindern nicht alles aus dem Weg zu räumen. Bewegungserfahrungen müssen zugelassen und ermöglicht werden – angepasst an die Bedürfnisse der jeweiligen Altersstufe. Dabei ist für kleine Energiebündel oft kein Hindernis zu hoch – und da steht die Welt auch mal Kopf. Die Kinder müssen sich ausprobieren, ihren Körper testen und mehr als ein Mal stolpern dürfen. Nur wer hinfällt, lernt sein Gleichgewicht zu halten.

Dabei gilt natürlich wie immer: jedes Kind in seinem Tempo. Genauso wie Bewegung nicht eingeschränkt werden darf, können motorische Entwicklungsschritte nicht erzwungen werden. Wenn der Muskelapparat, die Bänder und die Sehnen noch nicht genügend ausgebildet sind, wird das Kind nicht frei stehen können, egal wie oft man es hochzieht.

Es gibt kein festes Alter, in dem motorische Fähigkeiten gelernt sein müssen, sondern vielmehr eine Zeitspanne, in der typischerweise Entwicklungsschritte vollzogen werden. Der typische Ablauf der motorischen Entwicklung sieht etwa so aus:

Alter	Das sollte das Kind jetzt lernen
bis 3 Monate	Das Kind kann aus der Bauchlage heraus seinen Kopf heben, es kann die Hände zusammenführen und sich mit den Unterarmen abstützen. Es nimmt Gegenstände reflexartig in die Hände und strampelt zeitweise heftig mit den Beinen.
bis 6 Monate	Das Kind kann mit der ganzen Hand nach Gegenständen greifen, es hält den Kopf und beugt die Arme beim Hochziehen aus der Rückenlage. Es kann mit Unterstützung sitzen, kann sich aus der Rückenlage auf die Seite drehen und sich rückwärts bewegen.
bis 9 Monate	Das Kind (er)tastet intensiv Dinge mit beiden Händen, es kann sicher sitzen, vom Rücken auf den Bauch rollen und mit Hilfe bereits stehen.

bis 12 Monate (1 Jahr)	Das Kind beherrscht den Pinzettengriff, kann mit Festhalten an Möbeln sicher stehen und versucht es ohne Hilfe, hält einen Stift in der Faust und kritzelt und wirft Gegenstände mit Schwung von sich weg. Es geht mit Festhalten ein paar Schritte und krabbelt ganz viel.
bis 24 Monate (2 Jahre)	Das Kind füllt Gegenstände in Gefäße und leert sie wieder aus. Es kann große Perlen auffädeln und Reihen bilden, es kann Flaschenverschlüsse öffnen. Das Kind kann mit Festhalten Stufen im Nachstellschritt steigen, einen Ball treten und werfen, mit zwei Beinen hüpfen und Bonbons öffnen. Es hat eine gute Kontrolle über das Laufen und Gehen.
bis 36 Monate (3 Jahre)	Das Kind kann den Stift halten, Papier schneiden, aus Knete Kugeln und Würste formen, Bausteine und Schienen stecken und mit einzelnen Fingern präzise greifen. Es kann klettern und rutschen, im Wechselschritt die Treppe steigen, kurz auf einem Bein stehen, es beginnt Dreirad zu fahren, es kann mit beiden Beinen von einer Stufe springen und landen. Das Kind kann Rutschbahn fahren, mit der Wippe wippen und eine Rolle vorwärts machen.

In den ersten drei Lebensjahren haben Kinder also eine gewaltige Aufgabe zu bewältigen. Diese Schritte müssen sie – im wahrsten Sinne des Wortes – selbst gehen. Doch brauchen sie aufmerksame Begleiterinnen und Begleiter auf ihrem Weg. Diese wichtige Aufgabe kommt im Krippenalltag Ihnen zu.

Eigentlich braucht Bewegung keine Anleitung. Die Kinder bewegen sich in der Regel gern und aus eigenem Antrieb. Trotzdem gibt es immer wieder Situationen im Alltag, in denen Bewegung gezielt angeregt werden sollte. So bringt ein Mitmachgedicht einen müden Morgenkreis in Schwung oder ein Kreisspiel baut überschüssige Energien bei zappeligen Kindern ab. Bewegung hilft auch, wenn die Stimmung mal schlecht ist: Durch Bewegung werden Stresshormone vermindert und Glückshormone ausgeschüttet. Schon ein Spaziergang an der frischen Luft kann Körper, Geist und Seele wieder ins Lot bringen.

Bewegung macht also glücklich und wir sollten uns immer wieder im Alltag Raum dafür schaffen. Dieses Buch will Ihnen dabei eine Hilfe sein. Das erwartet Sie auf den folgenden Seiten:

Alle meine Fingerlein ...

Die Hälfte der Knochen unseres menschlichen Körpers steckt in unseren Händen und Füßen. Allein in einer Hand befinden sich 27 Knochen. Durch die vielen Sehnen, Nerven, Muskeln und Gelenke sind unsere Hände wahre Präzisionsinstrumente, mit denen wir greifen, uns festhalten, jemanden kitzeln und sogar Fäden durch Nadelöhre fädeln können. Es lohnt sich also, von Anfang an unsere Fingergeschicklichkeit zu trainieren. Finger- und Handgestenspiele sind dafür perfekt geeignet. Schon die ganz Kleinen können mitmachen, Bewegungen üben, in verschiedene Rollen schlüpfen und die Welt ein bisschen besser verstehen: Mit unseren Händen erwecken wir Geschichten zum Leben und lassen Fantasien lebendig werden. Im ersten Kapitel finden Sie Fingerspiele, Mitmachgeschichten und Mitmachgedichte zum sofort Mitmachen!

Komm, tanz mit mir!

Mit Musik macht alles noch viel mehr Spaß. Das zweite Kapitel steckt voller Spiellieder, Klanggeschichten, Kniereitern und anderen rhythmischen und musikalischen Ideen. Geräusche zu erzeugen, ist die unmittelbarste Reaktion der Umwelt auf Bewegung: Alles, was klingelt, kracht oder scheppert ist daher für Kinder faszinierend. Bei diesen Ideen erfahren sie, mit welcher Kraft sie Klangstäbe aneinanderschlagen müssen, sie tanzen, singen und spielen.

Immer im Kreis herum

Ob drinnen oder draußen, zwischendurch oder im Morgenkreis – die Bewegungsspiele im dritten Kapitel machen immer und überall Spaß. Die Förderung der motorischen Fähigkeiten passiert hier ganz nebenbei.

Auf ins Bewegungsland!

Das vierte Kapitel hält einfache Bewegungslandschaften mit Alltagsgegenständen oder Turngeräten bereit. Die Themen sind der Erfahrungswelt von Krippenkindern nachempfunden und kommen ihrem Bedürfnis nach Spiel nach. Aus einfachen Teppichfliesen werden Seerosen, auf denen die Kinder wie Frösche umherhüpfen. Aus Langbänken werden Bäume und aus Rollbrettern Schlitten. Kissen lassen sich zu hohen Türmen stapeln und laden zu Eisenbahnfahrten ein – alles ruckzuck aufgebaut und mit viel Spielspaß.

Zur Ruhe kommen

Entspannung gehört untrennbar zu Bewegung dazu. Nur wer sich ausruht gewinnt neue Energie. Den Körper entspannen und ganz achtsam wahrnehmen bedeutet, ein besseres Körpergefühl zu entwickeln. Das ist die Grundlage für jeden sicheren Schritt. Ruhepausen, Mußestunden und Kuschelpausen sind vor allem im trubeligen Krippenalltag ganz besonders wichtig. Die einfachen Yoga-Übungen, Streichel- und Massagegeschichten im letzten Kapitel helfen, Ruheinseln im Tagesablauf zu schaffen.

Fingerspiele und Mitmachgeschichten

PIEP, PIEP VOGELKIND

Alter: ab 1 Jahr
Dauer: 5 Minuten

Ein Fingerspiel mit Küken

Piep, piep Vogelkind,

ein Küken kommt herbei geschwind.

Mit zwei Fingern einer Hand als Küken angelaufen kommen, auf dem eigenen Oberschenkel oder auf dem Bauch oder Arm des Kindes.

Pickt ein Körnchen, pickt ein Körnchen,

Mit einem Finger „picken" oder kitzeln.

dann läuft's zurück, den ganzen Weg.

Mit den beiden Fingern wieder weglaufen.

Idee: Michaela Lambrecht

IM ABENTEUERLAND DER SCHWÄMME

Mit Schwämmen auf Mitmachreise

Alter: ab 2 Jahren
Dauer: 15 Minuten
Gruppe: 6 Kinder

MATERIAL

* 1 Haushaltsschwamm für jedes Kind

Heute gehen wir ins Abenteuerland der Schwämme.
Mit dem Schwamm in der Hand losgehen.

Wir durchqueren einen Wald. Dort stehen viele Bäume. Wir laufen im Zickzack zwischen den Bäumen hin und her.
Die Schwämme auf den Boden legen und im Zickzack zwischen ihnen laufen.

Im Abenteuerland angekommen, müssen wir gut auf unseren Schwamm aufpassen. Wir legen ihn auf unseren Arm.
Den Schwamm vom Boden aufnehmen und auf dem Arm balancieren.

Als Nächstes durchqueren wir einen Fluss. Damit unser Schwamm nicht nass wird, legen wir ihn auf unseren Kopf.
Den Schwamm auf dem Kopf balancieren.

Oh, ein bisschen nass ist unser Schwamm geworden. Wir drücken unseren Schwamm fest aus.
Den Schwamm ausdrücken.

Wir wollen über die Wiese gehen, doch das hohe Gras versperrt uns den Weg. Wir versuchen, uns mit den Füßen den Weg frei zu machen.
Den Schwamm mit dem Fuß kicken.

Nun fängt es an zu regnen. Ein warmer Sommerregen prasselt auf uns nieder.
Alle Schwämme immer wieder hochwerfen.

Abends ist es schon ganz kalt geworden. Wir rubbeln uns gegenseitig mit den Schwämmen ab, damit uns warm wird.
Gegenseitig mit den Schwämmen abrubbeln.

Dann legen wir uns alle mit unseren Schwämmen, eng aneinandergekuschelt, auf den Boden und schlafen friedlich ein.
Sich hinlegen und zusammenrollen.

Was für ein schöner Ausflug in das Abenteuerland der Schwämme!

Idee: Britta Bartoldus

MEIN LUFTBALLON

Eine luftige Mitmachgeschichte

Alter: ab 2 Jahren
Dauer: 15 Minuten
Gruppe: 4 Kinder

MATERIAL

- 1 Luftballon für jedes Kind

Es war einmal ein dicker Luftballon. Der wollte unbedingt fliegen. Darum reckte er seine Nase in die Luft.
Den Luftballon hochhalten.

Er schaute dahin. Und er schaute dorthin.
Den Luftballon über dem Kopf hin- und herschwenken.

Aber losfliegen konnte er nicht. Darum ließ er sich auf den Boden fallen.
Den Luftballon auf den Boden schweben lassen.

Der Luftballon war ein bisschen traurig. Er lag ganz ruhig auf dem Boden.
Mit den Händen oder dem Bauch den Luftballon auf den Boden drücken.

Da spürte er den Wind an seiner Wange. Er blies den Luftballon ein kleines Stück nach vorn.
Den Luftballon anpusten und ein Stück wegblasen.

Da hatte der Luftballon eine Idee. Vielleicht konnte der Wind ihm beim Fliegen helfen. Der Wind fand die Idee gut. Darum holte er tief Luft. Der Wind pustete ganz fest. Und plötzlich geschah es: Der Luftballon erhob sich in die Luft.
Den Luftballon hochwerfen.

Das machte Spaß. Der Wind fing den Luftballon auf. Dann blies er ihn wieder hoch. Rauf und runter. Immer wieder.
Den Luftballon auffangen und wieder hochwerfen.

Einmal blies der Wind ganz fest. Da flog der Luftballon beinahe bis zu den Wolken.
Den Luftballon so hoch es geht werfen.

Dann landete der Luftballon wieder auf der Erde. Er war ein bisschen müde vom vielen Fliegen. Darf sich der Luftballon bei dir ausruhen?
Den Luftballon mit beiden Händen an die Brust drücken.

Idee: Petra Bartoli

SCHAU HIER OBEN

Die Sonne in die Kita holen

Alter: ab 1 Jahr
Dauer: 5 Minuten

Schau, hier oben leuchtet was,
hell und schön, was ist denn das?
Ei, das wird die Sonne sein,
sie schenkt uns ihren hellen Schein.

Die ausgestreckte Hand öffnen und schließen, die Finger beim Öffnen spreizen.

Schau, hier oben fliegt etwas,
bunt und schön, was ist denn das?
Ei, das ist ein Schmetterling,
das ist ein hübsches kleines Ding.

Die ausgestreckte Hand öffnen und schließen und Flugbewegungen nachstellen.

Idee: Tina Scherer

VON DER RAUPE ZUM SCHMETTERLING

Ein Hand- und Fingerspiel mit Verwandlung

Alter: ab 18 Monaten
Dauer: 10 Minuten

Die kleine Raupe läuft ganz munter

Mit den Fingern den Arm hinauf- und wieder herunterlaufen.

am Ast hinauf und wieder runter,

Auf einzelne Finger tippen.

frisst sich dort von Blatt zu Blatt

und ist am Abend rund und satt.

Den Bauch streicheln.

Die Raupe baut sich nun ein Haus,

Mit den Fingern ein Hausdach bilden.

schaut viele Tage nicht hinaus.

Hand an die Stirn halten, Kopf schütteln.

Sie schläft dort lange tief und fest,

Kopf auf die Hände legen und schlafen.

ein Zauber sie verwandeln lässt.

Die Fingerspitzen geheimnisvoll durch die Luft bewegen.

Als die liebe Sonne lacht,

Einen Kreis mit den Händen zeigen.

ist die Raupe aufgewacht.

Aus der Schlafposition den Kopf aufrichten.

Sie kommt nun aus ihrem Haus

Mit den Fingern ein Hausdach bilden.

als schöner Schmetterling heraus.

Die Hände nah am Körper fliegen lassen.

Macht die Flügel ganz, ganz weit,

ist zum Fliegen nun bereit.

Arme ausbreiten und fliegen.

Fliegt herum in seiner Welt,

die ihm doch so gut gefällt.

Ein fröhliches Gesicht machen, dabei weiterfliegen.

Idee: Kathrin Eimler

DIE KLEINEN SUPPENKÖCHE

Die Hände schnippeln, rühren und kneten

Alter: ab 2 Jahren
Dauer: 10 Minuten
Gruppe: 4 Kinder

Wir sind die kleinen Suppenköche.
Mit dem Zeigefinger auf alle Kinder zeigen.

Wir haben große und kleine Töpfe.
Mit den Händen groß und klein andeuten.

Kochlöffel, Schneidebrett, Messer und Salz.
Kochlöffelbewegungen und Messerbewegungen zeigen.

Suppenköche haben daran Spaß!
In die Hände klatschen.

Wir waschen die Hände vor dem Kochen.
Händewaschen und Wassergeräusche nachahmen.

Habt ihr die Seife schon gerochen?
Die Hände beschnuppern.

Zuerst holen wir den großen Topf
Einen imaginären Topf hinstellen.

und dann die Zutaten aus dem Korb.
Mit den Händen einen imaginären Korb leeren.

Nun wird alles geschält und geschnitten.
Schnipp! Schnapp! Schnipp! Schnapp!
Schneidebewegungen machen.

Schnipp! Schnapp! Das macht ja Spaß!
Schneidebewegungen nachahmen und einmal klatschen.

Der große Topf wird mit Gemüse gefüllt,
Den imaginären Topf befüllen.

mit Pfeffer und Salz gewürzt.
Mit den Fingern Pfeffer und Salz streuen.

Idee: Anna Neef

ZU BESUCH BEI DEN TIEREN DES WALDES

Alter: ab 2 Jahren
Dauer: 10 Minuten
Gruppe: 4 Kinder

Eine Mitmachgeschichte im Wald

Heute gehen wir gemeinsam mit unseren Freunden aus der Kinderkrippe in den Wald. Kommt ihr mit?

Wir müssen erst eine Weile gehen, bis wir im Wald ankommen.
Die Kinder gehen im Raum umher.

Oh, was war denn das? Schaut mal! Da ist ein kleines Eichhörnchen, das mit einer Nuss den Baum hochflitzt.
Wollen wir auch einmal Eichhörnchen spielen?
Die Kinder balancieren auf der Langbank die Schräge hoch und runter.

Lasst uns weitergehen!
Die Kinder laufen im Raum umher.

Seht mal da auf dem Boden! Da sind ganz viele fleißige Ameisen, die große Brotkrümel auf ihrem Rücken tragen. Wollt ihr das ausprobieren?
Jedes Kind bekommt ein Chiffontuch auf den Rücken und kriecht durch den Raum – so, dass das Tuch nicht herunterfällt.

Dort hinten stehen zwei kleine Rehe. Als sie uns sehen, springen die Rehe aber schnell weg. Schade! Sollen wir hinterherhüpfen?
Die Kinder springen durch den Raum.

Oh, die Rehe sind viel zu schnell, die erwischen wir bestimmt nicht mehr – aber das hat ganz schön müde gemacht! Wir gehen langsam wieder nach Hause. Es war ein schöner Ausflug!
Die Kinder gehen noch einmal durch den Raum.

MATERIAL

- Langbank (eingehängt in Sprossenwand)
- 1 Chiffontuch für jedes Kind

Idee: Michaela Lambrecht

DER SAUSEWIND

Das Herbstbrausen mit den Fingern nachmachen

Alter: ab 2 Jahren
Dauer: 10 Minuten

Der Wind, der Wind, der Sausewind

Hände zu einem „Rohr" formen und durchpusten.

saust hin und her und ruft bestimmt:

Mit den Händen durch die Luft „sausen".

Ihr bunten Blätter an den Bäumen,

Arme aufrichten, Hände und Finger spreizen.

hört endlich auf, davon zu träumen,

Augen schließen, Hände auf die Augen legen.

vom sommerlichen Sonnenwetter.

Eine Hand spreizen wie eine Sonne.

Jetzt kommt der Regen, es wird kühl.

Finger schnell auf- und abbewegen, Regen imitieren.

Das ist für mich ein schönes Spiel.

Betont lächeln.

Ich rüttle nun an allen Zweigen.

Arme schnell vor- und zurückbewegen.

Es tanzt ein bunter Blätterreigen

durch die Luft und hin und her.

Hände vorstrecken und langsam durch die Luft „segeln".

Ihr deckt den Boden leise zu.

Mit einer Hand über die andere streichen.

Für einen Winter ganz in Ruh.

Den Kopf zur Seite neigen, Augen schließen, schnarchen.

Idee: Marion Bischoff

EIN KÜRBIS AUF REISEN

Eine Mitmachgeschichte für den Herbst

Alter: ab 2 Jahren
Dauer: 20 Minuten

Es war einmal ein kleiner Kürbis.
Mit den Händen einen runden Kreis als Kürbis andeuten.

Der Kürbis lebte auf einem Kürbisfeld mit vielen anderen Kürbissen: mit großen und kleinen, dicken und dünnen.
Unterschiedliche Kürbisse andeuten.

Doch auf dem Feld gefiel es dem kleinen Kürbis gar nicht gut.
Den Kopf schütteln.

Er hatte keine Lust mehr, immer nur auf dem Feld zu liegen. Er wollte endlich einmal etwas anderes von der Welt sehen!
Hand über die Stirn legen und Ausschau halten.

Eines Tages hüpfte der kleine Kürbis von seinem Platz und rollte einfach davon. Zuerst rollte er ganz langsam den Feldweg entlang.
Mit den Händen langsame Rollbewegungen machen und dabei „rolle, rolle, rolle" sagen.

Dann rollte er immer schneller und schneller.
Schnellere Rollbewegungen machen und schneller „rolle, rolle, rolle" sagen.

Dann holperte er über ein Kopfsteinpflaster.
Holpernde Rollbewegungen machen und abgehackt „rolle, rolle, rolle" sagen.

Und, oh weh: Jetzt rollte er ganz schnell einen Berg hinunter.
Schnelle Rollbewegungen von oben nach unten machen und schnell „rolle, rolle, rolle" sagen.

Plötzlich stieß er mit einem Knall an einen Baumstamm und blieb im Gras liegen.
In die Hände klatschen.

Ein Mädchen entdeckte den kleinen Kürbis und freute sich sehr. Es hob den Kürbis auf und nahm ihn mit nach Hause.
Mit beiden Armen den Oberkörper umfassen und sanft hin- und herdrehen.

Das Mädchen höhlte den Kürbis aus und schnitzte ihm ein wunderschönes Gesicht. Dann zündete es eine Kerze an und stellte sie in den ausgehöhlten Kürbis hinein.

Seitdem steht der kleine Kürbis vor dem Haus des Mädchens und leuchtet glücklich und zufrieden. Alle Menschen, die vorbeikommen, freuen sich und schenken ihm ein Lächeln.
Lächeln und winken.

Idee: Michaela Lambrecht

WENN DIE ÄPFEL VOM BAUM FALLEN

Ein Fingerspiel von der Fallobstwiese

Alter: ab 1 Jahr
Dauer: 5 Minuten

Fünf kleine Äpfel wachsen auf einem Baum.
Mit den Fingern einer Hand wackeln.

Der erste Apfel fällt vom Baum,
Mit dem Daumen wackeln und dann umknicken.

der zweite Apfel fällt vom Baum,
Mit dem Zeigefinger wackeln und dann umknicken.

der dritte Apfel fällt vom Baum,
Mit dem Mittelfinger wackeln und dann umknicken.

der vierte Apfel fällt vom Baum.
Mit dem Ringfinger wackeln und dann umknicken.

Und der fünfte,
Mit dem kleinen Finger wackeln.

der ist der kleinste Apfel.
Mit beiden Händen einen kleinen Apfel formen.

Er fällt in deine Hände.
Den kleinen Finger umknicken.

Hurra, hurra!
In die Hände klatschen.

Mein kleiner Apfel ist jetzt da.
Mit beiden Händen einen Apfel formen.

Idee: Michaela Lambrecht

AUSFLUG ZUM KASTANIENSAMMELN

Eine Mitmachgeschichte mit echten Kastanien

Alter: ab 2 Jahren
Dauer: 20 Minuten
Gruppe: 8 Kinder

MATERIAL

- Eimerchen oder Körbchen für jedes Kind
- viele Kastanien

Heute gehen wir Kastanien sammeln.
In die Hände klatschen.

Zuerst ziehen wir Jacken, Matschhose und Schuhe an.
Das Anziehen pantomimisch nachmachen.

Dann geht's los. Wir rennen zum Kastanienbaum.
Auf der Stelle laufen oder rennen, dann vorsichtig zu den ausgelegten Kastanien laufen.

Auf dem Boden unter dem Baum liegen schon einige Kastanien. Wir heben sie auf und werfen sie in unsere Eimer und Körbchen.
Die Kinder sammeln die Kastanien in ihre Körbe und Eimer.

Und noch mehr Kastanien liegen auf dem Boden. Wir sammeln sie alle auf.
Weiter Kastanien sammeln und dabei möglichst alle Kastanien einsammeln.

Was ist das? Plötzlich beginnt es zu regnen. Schnell suchen wir uns einen Unterschlupf. Hier kuscheln wir uns zusammen und warten ab.
Alle drängen sich zusammen.

Wir rücken ganz nah zusammen und wärmen uns.
Mit den Kindern in die Hocke gehen, die Kinder umarmen sich, wenn sie das möchten.

Da hört der Regen wieder auf. Wir nehmen unsere Eimerchen und machen uns auf den Rückweg. Das war ein schöner Kastanienausflug.
Noch eine Weile mit den Körbchen durch den Raum spazieren.

Vorbereitung:

Verteilen Sie die Kastanien an einer Stelle im Gruppenraum. Am besten wählen Sie nur eine kleine Ecke aus, damit die Kinder nicht auf die Kastanien treten, und halten den Rest des Bodens frei zum Bewegen. Jedes Kind sucht sich ein Körbchen oder Eimerchen aus. Dann kann's losgehen. Versammeln Sie die Kinder in einem lockeren Stehkreis.

Idee: Tina Scherer

DER MANN IN WEISS

Alter: ab 18 Monaten
Dauer: 10 Minuten

Einen Schneemann mit den Händen bauen

Dort steht ein Schneemann mit dickem Bauch,

Einen Bauch vor dem Körper formen.

einem Kopf, zwei Augen und Nase auch.

Die entsprechenden Körperteile an sich zeigen.

Die ist aus einer Möhre gemacht,

Eine lange Nase zeigen.

darüber freut er sich und lacht.

Lachen.

Der Schneemann rührt sich nicht vom Fleck,

Beide Arme eng an den Körper legen und ihn gerade und steif machen.

doch scheint die Sonne,

Mit beiden Armen einen großen Kreis vor dem Körper beschreiben.

dann schmilzt er weg.

Langsam in sich zusammenfallen und sich dann auf den Boden werfen.

Idee: Annegret Frank

TANNE IM WINTER

Ein Mitmachgedicht im Sitzen oder Stehen

Alter: ab 2 Jahren
Dauer: 15 Minuten

Es steht eine kleine Tanne ganz allein, ganz allein.
Traurig lässt sie die Äste hängen, möcht' nicht mehr gern ganz alleine sein.
Stehen, die Arme hochstrecken, dann die Arme schwer nach unten hängen lassen.

Da kommt der Wind und pustet und weht,
die Tanne, sie biegt sich, obwohl sie noch steht.
Pusten, sich zur Seite neigen.

Zur Seite, nach vorne und hin und her,
im Kreise und rückwärts, der Wind wütet sehr.
Sich vor und zurück wiegen, sich im Kreis drehen, dann sich zu beiden Seiten neigen.

Dann kommt der Winter mit Schnee und mit Eis,
es schneit und schneit und die Tanne wird weiß.
Das Schneien mit den Händen nachmachen.

Jetzt hat die Tanne schwer zu tragen,
der Schnee wiegt schwer, der Baum muss sich plagen.
Sich über die Stirn streichen, wieder schwer die Arme hängen lassen.

Doch dann rüttelt und schüttelt sich unser Baum,
weg mit dem Schnee, man bemerkt ihn nun kaum.
Sich sanft schütteln.

Idee: Tina Scherer

Spiellieder
und Klang-
geschichten

ENGELCHEN, KOMM TANZ MIT MIR!

Alter: ab 1 Jahr
Dauer: 10 Minuten
Gruppe: alle Kinder

Ein beflügelndes Spiellied

Engelchen, komm tanz mit mir.

Dem Engel winken.

Du mit mir und ich mit dir.

Auf sich deuten, dann auf den Engel.

Tanze hin und tanze her,

An den Händen fassen und im Kreis drehen.

bis zum Himmel ist nicht schwer.

Zwei Schritte zu einer Seite tanzen.

Engelchen, komm tanz mit mir.

Dem Engel winken.

Ich mit dir und du mit mir.

Auf den Engel deuten, dann auf sich selbst.

Wie auf Wolken tanzen wir.

Sie drehen sich im Kreis.

Ich mit dir und du mit mir.

Auf den Engel deuten, dann auf sich selbst.

Engelchen, komm tanz mit mir.

Dem Engel winken.

Du mit mir und ich mit dir.

Auf sich deuten, dann auf den Engel.

Und dann setzen wir uns hin,

Auf den Boden setzen.

weil wir echte Freunde sind.

Die Arme umeinander legen.

(Melodie: Brüderchen, komm tanz mit mir)

Und so geht's:

Ein Kind ist der Engel und tanzt entweder mit einem anderen Kind oder in jeder Strophe mit einem anderen Kind aus dem Kreis. So kann das Spiellied auch als Morgenkreisritual eingesetzt werden.

Idee: Marion Bischoff

EINE KLEINE BIENE

Ein Kniereiter mit Gesumm und Bewegung

Alter: ab 6 Monaten
Dauer: 5 Minuten

Eine kleine Biene fliegt hoch und runter,

Kind auf dem Schoß hoch- und wieder runterhüpfen lassen.

hin und her,

Nacheinander in beide Richtungen schwenken.

kreuz und quer.

Schräg diagonal hin- und herschwenken.

Ruht sich auf der Blume aus

Keine Bewegung machen.

und fliegt mit Blütenpollen wieder nach Haus.

Kind nochmals hochhüpfen lassen und danach Summ-Bewegungen machen.

Idee: Michaela Lambrecht

ICH SEH DEN KLEINEN HASEN!

Alter: ab 18 Monaten
Dauer: 10 Minuten

Ein Osterhasen-Spiellied

MATERIAL

- Körbchen oder kleiner Rucksack mit bunten Eiern
- ggf. bunte Chiffontücher

1. Ich seh den kleinen Hasen hüpfen dort im Gras, hüpfen dort im Gras,
mit zwei langen Ohren und 'ner Schnüffelnas'.

2. Was macht der kleine Hase drüben in dem Gras, drüben in dem Gras,
er hat was auf dem Rücken, sag, was ist denn das?

3. Er trägt ein kleines Körbchen mit bunten Eiern drin, bunten Eiern drin,
er will sie verstecken, wo legt er sie wohl hin?

4. In Büschen und in Blumen und auch in dem Gras und auch in dem Gras
will er sie verstecken, der liebe Osterhas'.

5. Wir Kinder gehen suchen, ein Ei für jedes Kind, ein Ei für jedes Kind,
dann gehen wir nach Hause, wir sind ganz geschwind.

(Melodie: Alle meine Entchen)

Und so geht's:

Ein Kind kann sich in den Osterhasen verwandeln und im Kreis herumhüpfen. Es bekommt ein Körbchen in die Hand oder einen Rucksack auf den Rücken, in dem bunte Eier (z. B. Rasseleier, Sandsäckchen) liegen. Der Hase hüpft herum und kann in der vierten Strophe die Eier im Kreis auf der Erde verteilen. Dafür können noch Tücher als Büsche, Blumen und Gras hingelegt werden. In der letzten Strophe dürfen dann alle Kinder aufstehen, ein Ei holen und sich wieder hinsetzen. Die Eier kommen anschließend wieder in den Rucksack und das Spiel kann von vorn beginnen.

Idee: Kathrin Eimler

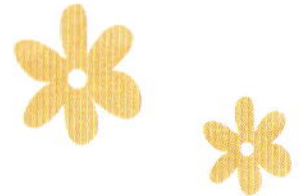

ALLE UNSRE HÜHNER

Ein Tanzlied zum direkten Mitmachen

Alter: ab 1 Jahr
Dauer: 10 Minuten

Alle unsre Hühner legen heut ein Ei, legen heut ein Ei,
für den Osterhasen legen sie auch zwei.

Alle unsre Hühner färben heut ein Ei, färben heut ein Ei,
für den Osterhasen sind Blau und Rot dabei.

Alle unsre Hühner legen dann ihr Ei, legen dann ihr Ei,
in Häschens großes Körbchen und sind so froh dabei.

Alle unsre Hühner feiern heut ein Fest, feiern heut ein Fest,
der Hase legt die Eier bald ins Osternest.

Alle unsre Hühner warten schon gespannt, warten schon gespannt,
auf alle lieben Kinder, die kommen angerannt.

(Melodie: Alle meine Entchen)

Und so geht's:

Nehmen Sie die Kinder an den Händen und gehen Sie passend zum Lied rhythmisch im Kreis. Sie können auch klatschen und Kleingruppen zum Tanzen bilden, je nachdem, wie die Altersstruktur der Gruppe ist. Mit den Händen können die Kinder Eier in die Luft malen, Hasenohren andeuten, ein Nest formen … Nehmen Sie die Ideen der Kinder auf!

Idee: Marion Bischoff

HURRA, DER FRÜHLING IST DA!

Alter: ab 6 Monaten
Dauer: 5 Minuten

Den Frühling mit einem Spiellied begrüßen

Siehst du die schöne Sonne,
sie leuchtet voller Wonne.

Der Frühling ist gekommen,
hat allen Schnee genommen.

Schneeglöckchen blühn,
das Gras wird grün.

Alle sind froh
und die Vögel ebenso.

(Melodie: Backe, backe Kuchen)

Und so geht's:

Bei diesem einfachen Spiellied können schon die Kleinsten mitmachen. Wie bei *Backe, backe Kuchen* klatschen Sie mit den Kindern im Rhythmus. Auch zu einem ersten kleinen Tanz lädt das Lied ein.

Idee: Marion Bischoff

SOMMERSPASS

Klatschreime für die heißeste Zeit im Jahr

Alter: ab 2 Jahren
Dauer: 5 Minuten

Ich klatsche in die Hände, ich freu mich ohne Ende.
Die Sonne scheint herab, wie ich's am liebsten hab.

Ich stampfe mit den Füßen,
die Sonne zu begrüßen.
Draußen ist es heiß,
ich brauche schnell ein Eis.

Ein Donner grollt von ferne,
das mögen wir nicht gerne.
Schon jagt ein Blitz herunter,
im Haus stell'n wir uns unter.

Wasser marsch und es geht los,
die Freude, die ist riesengroß.
Heut gibt's 'ne Wasserschlacht
und du wirst nass gemacht!

Idee: Marion Bischoff

VON EICHELN UND KASTANIEN

Alter: ab 3 Jahren
Dauer: 20 Minuten
Gruppe: 6 Kinder

Mit Naturmaterialien Klänge erzeugen

MATERIAL

- verschließbare Dosen
- Kastanien und Eicheln
- Triangel

Es war einmal eine Eiche mit vielen Eicheln daran.
Mit den Eicheln rasseln.

Neben der Eiche stand ein Kastanienbaum. Hier hingen viele Kastanien.
Mit den Kastanien rasseln.

„Wir sind viel schöner als ihr kleinen Dinger!", riefen die Kastanien. „Wir sind groß und rund und glänzend!" Und sie jubelten sich selbst zu.
Mit den Kastanien rasseln.

„Wir sind viel, viel schöner als ihr großen, runden Dinger!", schrien die Eicheln. „Wir haben nämlich ein schickes Mützchen!" Und die Eicheln jubelten.
Mit den Eicheln rasseln.

Die Kastanien räusperten sich.
Mit den Kastanien rasseln.

„Mit uns spielen die Kinder viel lieber als mit euch. Sie bauen sogar kleine Tiere mit Zahnstochern aus uns!", riefen die Kastanien – und streckten den Eicheln die Zunge heraus.
Mit den Kastanien rasseln.

Die Eicheln ärgerten sich sehr.
Mit den Eicheln rasseln.

„Aus uns machten die Leute früher Mehl oder Kaffee!", riefen sie zu den Kastanien hinüber. „Euch kann man überhaupt nicht essen, ihr seid für Menschen sogar giftig!"
Mit den Eicheln rasseln.

Die Kastanien überlegten kurz.
Mit den Kastanien rasseln.

„Uns fressen dafür die Waldtiere gern, beispielsweise Rehe und Hirsche. Für die sind wir echte Leckerbissen!", riefen sie dann.
Mit den Kastanien rasseln.

„Uns fressen die Tiere genauso gern!", riefen die Eicheln wütend.
Mit den Eicheln rasseln.

So wäre es wohl noch eine Weile weitergegangen, aber an diesem Tag besuchten die Kinder aus der X-Gruppe (den Namen der Gruppe einfügen) die beiden Bäume.
Triangel anschlagen.

Sie sammelten Eicheln und Kastanien ein und freuten sich über die schönen Herbstfrüchte.
Triangel anschlagen.

„Eicheln sind so schön mit ihren kleinen Käppchen!“, freuten sich die Kinder. „Und Kastanien glänzen so toll braunrot! Beide sind wirklich gleich schön!“
Triangel anschlagen.

Da hörten die Kastanien und die Eicheln auf, sich zu streiten.
Eicheln und Kastanien rasseln ganz laut, dann leiser, dann verklingen sie.

Als der Herbst weiter voranschritt, hatten sich eine kleine Eichel und eine kleine Kastanie tief im Laub auf dem Boden versteckt. Kein Tier und kein Kind entdeckte sie.
Ein Mal kurz mit Eicheln und Kastanien rasseln.

Idee: Tina Scherer

Und wisst ihr, was dann passierte? Aus den beiden Früchten wuchs im nächsten Jahr ganz langsam ein winziges Pflänzchen und aus dem Pflänzchen wurde ein Bäumchen und daraus ein Baum mit vielen … Aber das wisst ihr ja bestimmt selbst.
Die Kinder erzählen, wie die Geschichte ihrer Meinung nach weitergeht oder sie rasseln wieder von laut nach leise.

Und so geht's:

Gemeinsam mit den Kindern füllen Sie die Dosen entweder mit Kastanien oder mit Eicheln. Je nachdem, wie viele Baumfrüchte Sie dabei in eine Dose geben, klingt es laut oder leise. Die Kinder können den Klang also nach eigenen Vorlieben bestimmen. Optimal ist, wenn es gleich viele Kastanien-Rasseln wie Eichel-Rasseln gibt.
Die Kinder rasseln zur Probe: Wenn sie zufrieden sind, haben Sie die wichtigsten Klanginstrumente für diese Geschichte schon parat. Ein weiteres Kind oder Sie übernehmen die Triangel. Dann kann es losgehen.

DAS KÖRPERORCHESTER

Alter: ab 1 Jahr
Dauer: je 5 Minuten

Mit dem eigenen Körper Geräusche machen

Ich kann schon ganz schön viel,
ich bin heut' ein Krokodil.

Meine Hand macht klapp, klapp, klapp

Mit den Händen klatschen.

und auch manchmal schnapp, schnapp, schnapp.

Jede Hand schnappt abwechselnd allein.

Klapp, klapp – schnapp, schnapp.

Ich bin heut ein Krokodil.

Abwechselnd mit den Händen klatschen und schnappen.

Ich klatsch einmal ganz leise, leise, leise,

und noch einmal ganz leise, leise, leise.

Ganz leise klatschen.

Und dann fängt was Neues an:

Ich patsch einmal ganz leise, leise, leise,

und noch einmal ganz leise, leise, leise.

Ganz leise patschen.

Und dann fängt was Neues an:

Ich stampf einmal ganz leise, leise, leise …

Heute ist ein schöner Tag,
an dem ich gerne spielen mag:

Heule wie der Wind,

Trichter aus Händen vor den Mund halten und „huhuhu" rufen.

stampfe wie ein Rind.

Mit den Füßen stampfen.

Klatsche lustig vor mich hin,
weil ich heute fröhlich bin.

Klatschen.

Idee: Kati Breuer

WIR SIND FIT, MACHT ALLE MIT!

Ein Mitmachgedicht mit Musik

Alter: ab 2 Jahren
Dauer: 10 Minuten

MATERIAL

- flotte Musik

Ich bin fit, mach doch mit!
Ich kann hüpfen, trallalalala!
Ich kann krabbeln, trallalalala!
Ich kann mich strecken, trallalalala!
Ich kann sausen, trallalalala!
Ich kann mich drehen, trallalalala!
Ich kann stampfen, trallalalala!

Meine Arme heb ich hoch und runter –
das macht mich ganz frisch und munter!

Meine Beine schüttel ich hin und her –
das ist wirklich gar nicht schwer!

Und so geht's:

Stellen Sie flotte Musik an, die die Kinder gern mögen. Zur Musik machen die Kinder die Bewegungen mit, die der Text vorgibt. Der Text kann auch passend zur Musik gesungen werden. Bei „trallalalala" klatschen alle in die Hände.

Idee: Michaela Lambrecht

BLÄTTER FALL'N VOM BAUM HERAB

Ein Spiellied mit viel Puste

Alter: ab 1 Jahr
Dauer: 10 Minuten

Blätter fall'n vom Baum herab, der Wind, der pustet alle ab.
Bunt und braun, bunt und braun. Wunderschön, sie anzuschaun.
Die Hände in der Luft hin- und herbewegen.

Blätter fall'n vom Baum herab, der Wind, der pustet alle ab.
Heb sie auf, ganz geschwind, ei, da freut sich jedes Kind.
Aufsammelbewegungen machen.

Blätter fall'n vom Baum herab, der Wind, der pustet alle ab.
Nimm sie mit, bastle draus bunte Bilder für zu Haus.
Mit den Händen ein Haus bilden.

Idee: Michaela Lambrecht

HERBSTWETTER

Ein Klanggedicht für die Herbstrasseln

Alter: ab 1 Jahr
Dauer: 10 Minuten
Gruppe: 6 Kinder

MATERIAL

- Rasseln

Heute weht ein kühler Wind,
Tiere laufen davon geschwind.
Ganz leise rasseln, die Rasseln nur ganz schwach bewegen.

Regen tropft vom Himmel herab,
macht auf Dächern klipp, klapp, klipp, klapp.
Etwas stärker rasseln.

Manchmal fallen Hagelsteine,
manchmal große, manchmal kleine.
Ganz laut und lange rasseln.

Huh, das ist ein wildes Treiben,
die Tiere wollen zu Hause bleiben.
Ganz laut rasseln und dazu „Huh!" rufen.

Doch dann über Nacht ist's plötzlich ganz leise,
Schneeflocken schweben in stiller Reise.
Stille.

Pssst, hört nur, wie still die Welt jetzt wird,
wenn der Herbst den Kampf gegen den Winter verliert.
„Psst!" machen und Zeigefinger an den Mund halten.

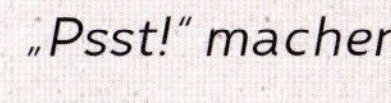

Idee: Michaela Lambrecht

FAMILIE BÄR HÄLT WINTERSCHLAF

Eine Klanggeschichte rhythmisch begleiten

Alter: ab 2 Jahren
Dauer: 15 Minuten
Gruppe: 6 Kinder

MATERIAL

* Klangstäbe

Familie Bär lebt in einer gemütlichen Höhle im Wald. Die Bärenfamilie, das sind: Mama Bär,
Klangstäbe anschlagen.

Papa Bär
Klangstäbe anschlagen.

und zwei fröhliche, lebhafte Bärenkinder.
Klangstäbe schnell anschlagen.

Im Winter halten Bären Winterruhe. Dafür polstern sie ihre Höhle weich mit Gras, Laub und Moos aus. „Zeit für den Winterschlaf!", rufen Mama und Papa Bär. „Ab in die Höhle!"
Klangstäbe anschlagen.

„Schade", rufen die Bärenkinder, „wir wollen doch noch draußen spielen!"
Klangstäbe ganz laut und schnell anschlagen.

Ganz, ganz langsam tapsen sie in die Bärenhöhle.
Klangstäbe ganz langsam anschlagen.

Mama und Papa Bär decken die beiden Kleinen zu und wünschen ihnen gute Ruh.
Klangstäbe ganz leise und langsam anschlagen.

Schon bald sind die Bärenkinder eingeschlafen.
Leise Schnarchgeräusche machen.

Jetzt decken sich auch Mama und Papa Bär zu und wünschen sich noch gute Ruh.
Klangstäbe ganz leise und langsam anschlagen.

Die ganze Bärenfamilie schläft tief und fest.
Laute Schnarchgeräusche machen.

Angenehme Winterruhe, Familie Bär! Schlaft gut bis zum Frühling!
Winken.

Idee: Michaela Lambrecht

MORGEN KOMMT DER WEIHNACHTSMANN

Ein Spiellied zu vertrauter Melodie

Alter: ab 2 Jahren
Dauer: 15 Minuten

Morgen kommt der Weihnachtsmann,
kommt mit seinem Säckchen an.
Ein Säckchen über die Schulter werfen.

Stampft durch tiefen Schnee so weit
in seinem roten Winterkleid.
Stampfen.

Läuft jetzt schneller, rennt schon fast,
weil er's schrecklich eilig hat.
Auf der Stelle rennen oder laufen.

Klopft sich Schnee und Matsch noch ab,
stampft mit den Füßen:
stapf, stapf, stapf!
Sich abklopfen, mit den Füßen stampfen.

Heute kommt der Weihnachtsmann,
kommt mit seinem Säckchen an.
Das Säckchen über die Schulter werfen.

Klingelt „Dingdong" an der Tür,
Weihnachtsmann, wir öffnen dir!
Das Klingeln und Türöffnen nachmachen.

Kommt herein, setzt ab den Sack,
Geschenke, so schön eingepackt!
Sack absetzen, in die Hände klatschen.

Setzt sich hin und ruht sich aus,
geht jetzt bald zurück nach Haus.
Hinsetzen, kurz ausruhen, winken.

MATERIAL

- Säckchen

Idee: Tina Scherer

Spiele
für drinnen
und
draußen

HALLO, MEIN NAME IST JOE

Ein Knopfspiel

Alter: ab 18 Monaten
Dauer: 20 Minuten
Gruppe: 3 Kinder

Ab dem 10. Lebensmonat entwickeln die Kinder den Pinzettengriff. Beim Spielen mit Knöpfen können Sie die Kinder darin wunderbar unterstützen: Die Jungen und Mädchen greifen gezielt nach den Knöpfen und erfahren durch Ausprobieren, wie sie einen Knopf greifen und halten müssen, damit sie ihn in eine Schale legen, in eine Spardose werfen oder auf eine Schnur auffädeln können.

Hallo, mein Name ist Joe.
Ich arbeite in einer Knopffabrik.

Neulich kam mein Chef zu mir und fragte: „Hey Joe, haste Zeit?"

Ich sagte: „Jo."

1. Durchgang: „Dann drehe diesen Knopf mit der rechten Hand!" *(rechte Hand drehen)*
2. Durchgang: „Dann drehe diesen Knopf mit der linken Hand!" *(linke Hand drehen)*
3. Durchgang: „Dann drehe diesen Knopf mit dem rechten Fuß!" *(sitzen oder auf einem Bein stehen und den rechten Fuß kreisen lassen)*
4. Durchgang: „Dann drehe diesen Knopf mit deinem Po!" *(mit dem Po wackeln)*
5. Durchgang: Beim fünften Satz heißt es diesmal nicht *jo,* sondern *nö* und das Spiel ist zu Ende.

Idee: Christina Ziehn

MATERIAL

- Kiste mit Knöpfen
- Gegenstände zum Experimentieren: Spardosen, Löffel, Dosen, Schüsseln, Schalen, Schnüre …

Und so geht's:

Lassen Sie die Kinder zunächst mit den Knöpfen experimentieren. Beim Spielen mit den Knöpfen werden viele Sinne angesprochen. Das Kind fühlt, sieht und hört die Knöpfe.
Danach spielen Sie gemeinsam das Spiel *Hallo, mein Name ist Joe.*
Sprechen Sie den Text und machen Sie die Bewegung vor. Die Kinder machen das nach. Der Text wird rhythmisch gesprochen und wiederholt. Der Anfang ist immer gleich, das Ende der Strophe ändert sich. Die jeweiligen Bewegungen können nacheinander durchgeführt werden oder – das ist die Version für Fortgeschrittene – es kommt mit jeder Strophe eine Bewegung dazu und alle werden gleichzeitig durchgeführt.

TIERE IM GRAS

Ein Bewegungsspiel für die Frühlingswiese

Alter: ab 2 Jahren
Dauer: 10 Minuten
Gruppe: 8 Kinder

Kinder mögen Tiere. Besonders gern schlüpfen sie selbst in Tierrollen und ahmen deren Verhalten oder deren Bewegungen nach. Bei dieser Bewegungseinheit nutzen Sie die Entdeckerfreude der Kinder aus und verwandeln sie in unterschiedlichste Tiere.

MATERIAL

- Krabbeldecke
- Bilder von Wiesentieren

Und so geht's:

Stellen Sie sich mit den Kindern im Kreis auf. Eines der Kinder wird zum Tierzauberer ernannt. Es verwandelt die Kinder mit einem Zauberspruch zu Tieren im Gras. Dazu überlegen alle gemeinsam, welche Tiere es im Gras gibt. Gerade zu Beginn dieses Spiels helfen den Kindern oft Bilder von verschiedenen Wiesentieren. Sie können auch Vorschläge machen: Frosch, Ente, Marienkäfer, Blindschleiche, Eidechse …

Nun geht es los. Das Zauberkind sagt: „Hokuspokus, ich verzaubere euch in … Katzen."
Die verzauberten Kinder krabbeln auf allen vieren über die Wiese und miauen wie kleine Katzen. Nach einer Weile ist das nächste Kind an der Reihe, das ebenfalls wieder den Zauberspruch aufsagt, sich jedoch ein anderes Tier auswählt.

Idee: Marion Bischoff

DAS GROSSE KIRSCH-KERNSTAPELN

Bewegungsideen mit Kirschkernkissen

Alter: ab 1 Jahr
Dauer: 15 Minuten
Gruppe: 6 Kinder

Kirschkernkissen kennen die Kinder vielleicht schon von zu Hause: Erwärmt helfen sie gegen Bauchweh oder machen das Bett kuschelig warm. Doch sie sind noch vielfältiger: Durch das besondere taktile Erlebnis der gefüllten Kissen sind sie ein spannendes Material für Bewegungsexperimente. Ein paar Ideen finden Sie hier.

MATERIAL

- viele Kirschkernkissen

Und so geht's:

Setzen Sie sich in einen Kreis und legen Sie die Säckchen in die Mitte. Die Kinder werden von sich aus neugierig zugreifen, die Säckchen betrachten und ertasten. Lassen Sie die Kinder sich in Ruhe mit dem Material auseinandersetzen. Danach können Sie gemeinsam verschiedene Spielideen mit den Säckchen ausprobieren, beispielsweise:

- die Säckchen mit den Füßen greifen und hochhalten: Wer schafft das?
- für ältere Kinder und Fortgeschrittene: die Säckchen mit den Füßen im Kreis weitergeben
- die Säckchen mit den Füßen in die Luft werfen (nicht zu hoch und vorsichtig) und wieder auffangen
- aus allen Säckchen einen großen Turm bauen – und wieder umwerfen
- sich in den Säckchen wälzen
- sich gegenseitig mit den Säckchen massieren

Idee: Tina Scherer

SPÜRST DU DEN WIND?

Bewegung mit Chiffontüchern und Schwungtuch

Alter: ab 2 Jahren
Dauer: 10 Minuten
Gruppe: alle Kinder

Mit einem großen Schwungtuch zu spielen und sich damit zu bewegen – das ist für die Krippenkinder ein Abenteuer. Gerade mit Tüchern lässt sich sichtbar machen, was sonst unsichtbar ist: die Luft. Und die ist jetzt im Herbst als Wind oder sogar Sturm auch spürbar.

Spiel 1: Windspiel mit Tuch

MATERIAL: Chiffontücher

Bei diesem Spiel können sich die Kinder einfach in einem lockeren Kreis aufstellen oder setzen. Sie sprechen den Text vor, die Kinder machen die Bewegungen nach oder denken sich eigene Bewegungen aus.

Stellt euch vor, ihr seid im Garten. Ein Wind weht. Er kitzelt euch im Gesicht.
Zuerst dürfen sich die Kinder selbst mit dem Chiffontuch im Gesicht kitzeln.

Auch eure Freunde kitzelt der Wind im Gesicht.
Die Kinder dürfen vorsichtig die Kinder neben sich kitzeln.

Plötzlich hört der Wind wieder auf zu wehen.
Die Chiffontücher ruhen.

Spiel 2: Spür den Wind

MATERIAL: Schwungtuch

Alle Kinder stellen sich mit Ihnen um das Schwungtuch herum. Ein Kind darf sich unter das Tuch legen. Die anderen Kinder machen Wind, indem sie das Schwungtuch hoch- und wieder runterbewegen. Das jeweilige Kind darf selbst bestimmen, wie stark der Wind wehen soll.

Idee: Michaela Lambrecht

WIR STARTEN: EINS – ZWEI – DREI!

Alter: ab 6 Monaten
Dauer: 5 Minuten

Ein Bewegungsspiel für den Morgenkreis

Wenn es morgens noch ein bisschen schleppend läuft, bringt dieses Bewegungsspiel Schwung in den Kreis. Alle Kinder können direkt mitmachen – egal, ob im Sitzen oder im Stehen!

Und so geht's:

Zu dem langsam gesprochenen Text klatschen Sie in die Hände und die Kinder versuchen, es nachzumachen.

Jetzt wird nicht mehr stillgesessen,
Langeweile ist vergessen!

Jeder von euch ist dabei,
und wir starten: Eins, zwei, drei!

Bei „wir starten" klatschen Sie auf die Oberschenkel und bei „drei" springen alle in die Luft. Alternativ gehen bei „Eins, zwei" alle in die Hocke und bei „drei" springen alle als „Rakete" in die Luft. Die ganz Kleinen, die noch nicht stehen – und damit auch nicht springen – können, werfen im Sitzen die Arme nach oben.

Idee: Annegret Frank

LUFTBALLONPUSTEN

Ein Bewegungs- und Lachspiel für große Runden

Alter: ab 1 Jahr
Dauer: 5 Minuten
Gruppe: alle Kinder

„Luftballonpusten" ist ein ganz einfaches, kurzes Bewegungsspiel für die ganze Gruppe, das sich wunderbar für zwischendurch eignet. Ab dem Laufalter können die Kinder mitmachen. Doch Achtung: Der Suchtfaktor ist hoch, die meisten Kinder finden es so toll, dass sie es immer wieder machen möchten. Am besten funktioniert das Spiel auf einem weichen Untergrund: Wiese, Matte oder Teppich ...

Und so geht's:

Bilden Sie mit den Kindern einen großen Kreis. Alle fassen sich an den Händen. Dann gehen alle gleichzeitig in die Kreismitte – so eng, dass sich die Körper berühren. Die Hände nicht loslassen! Erzählen Sie:

„Stellt euch vor, wir sind ein Luftballon. Im Moment sind wir noch ganz klein und zusammengeschrumpelt. Sollen wir den Luftballon gemeinsam aufpusten?"

Alle holen tief Luft und pusten und pusten und pusten. Dabei laufen Sie mit den Kindern langsam auseinander. Der Luftballon wird immer größer und größer. Bald ist er so prall, sprich der Kreis so groß, dass sich die Hände kaum noch halten können. Und „Peng!" – da ist der Luftballon geplatzt und alle purzeln auseinander. In der nächsten Runde können die Kinder einmal ganz genau darauf achten, wie prall der Luftballon werden kann, bevor er reißt.

Variante:

Ein Kind stellt sich in die Mitte und pustet. Alle anderen, die den Kreis bilden, gehen auseinander und zwar im Rhythmus der Atemzüge des Kindes in der Mitte. Ruft das Kind „Peng!", ist der Luftballon geplatzt. Alle lassen die Hände los und purzeln auseinander.

Idee: Theresa Schuster

APFEL, BIRNE, BLATT!

Ein fruchtiges Bewegungs- und Aufpassspiel

Alter: ab 18 Monaten
Dauer: 10 Minuten
Gruppe: 8 Kinder

Gut zuhören, schnell reagieren und schnell greifen: All das trainieren die Krippenkinder in dieser Mitmach-Reimgeschichte, die Sie am besten draußen spielen.

Und so geht's:

Legen Sie die Decke aus, die Kinder dürfen sich im Kreis daraufsetzen. In die Mitte kommen das Obst und die Herbstblätter, die Sie vor Ort schnell einsammeln können. Dann kann es losgehen: Lesen Sie die Reimgeschichte vor. Die Kinder hören gut zu und halten – passend zum Text – immer entweder eine Birne oder einen Apfel oder aber ein Blatt hoch, das sie schnell greifen müssen.

MATERIAL

- mehrere Äpfel
- mehrere Birnen
- einige Laubblätter
- Spieldecke

Es war einmal ein kleines Blatt

Es war einmal ein kleines **Blatt**,
das hatte Herbst und Kälte satt.

Es war einmal ein **Apfel** klein,
der wollte gern im Kuchen sein.

Es war einmal eine **Birne** dick,
die wollte an den Baum zurück.

Da kam ein Wind und pustete schön
das **Blatt** davon: Auf Wiedersehen!

Ein Kind wollt' gern mal Obst versuchen,
backte mit dem **Apfel** einen Kuchen.

Nur die **Birne** war nun noch allein,
wollte doch lieber auch im Kuchen sein.

Da kam ein Kind und schnappt sie sich,
zu Kuchen wird sie sicherlich.

Idee: Tina Scherer

SCHNELL, SCHNELL INS HÄUSCHEN

Ein Bewegungsspiel mit Igel

Alter: ab 18 Monaten
Dauer: 10 Minuten
Gruppe: 6 Kinder

Bei diesem kurzen Kreisspiel können schon auch Kinder mitmachen, die noch nicht sicher laufen: Als Igel krabbeln sie durch den Kreis und suchen ihr Häuschen. Eine schöne kleine Idee für den Morgenkreis in der Krippe!

MATERIAL

- 1 Teppichfliese für jedes Kind

Und so geht's:

Die Kinder sitzen auf ihrer Teppichfliese im Kreis. In diesem Spiel sind alle Kinder kleine Igel. Die Fliesen sind die Häuschen der Igel. Die Igel dürfen nun im Kreisinneren krabbeln. Rufen Sie aber „Schnell, schnell ins Häuschen!", krabbeln alle kleinen Igel so schnell wie möglich in ihr Häuschen/zu ihrer Teppichfliese zurück.

Idee: Britta Bartoldus

DIE BALLSCHLUCKER

Alter: ab 1 Jahr
Dauer: 15 Minuten
Gruppe: alle Kinder

Ein Ballspiel für draußen

MATERIAL

- viele große Kartons mit Deckel
- viele verschiedene Bälle
- Wäschekörbe
- Cutter und Scheren

Dieses Spiel ist ganz schnell vorbereitet und bietet Spaß, Bewegung und Lachen für alle. Außerdem schulen die Kinder hier ihr räumliches Vorstellungsvermögen und ihre Auge-Hand-Koordination. Spielen Sie es im Garten, im Gruppenraum oder auch im Bewegungsraum.

Und so geht's:

Bereiten Sie die Kartons für die Kinder vor: Schneiden Sie in die Deckel von mindestens vier verschieden großen Kartons kleine und große Löcher entsprechend der Größe der von Ihnen gesammelten Bälle. So erhalten Sie ein XXL-Steckspiel.

Das Spiel funktioniert im Freien oder drinnen: Stellen Sie die Kartons auf, indem Sie die Deckel fest aufsetzen. Manche Kartons können mit der Deckelseite nach oben zeigen, sodass die Kinder die Bälle von oben einwerfen müssen, andere können die Deckelseite vorn haben, sodass die Kinder die Bälle von vorn hineinrollen oder hineinstecken müssen. Stellen Sie den Wäschekorb mit den Bällen auf und los geht's! Das Spiel ist zu Ende, wenn der Wäschekorb leer ist und alle Bälle in den Kartons sind.

Idee: Tina Scherer

DIE WELT IST BUNT, BEI UNS GEHT'S RUND

Alter: ab 1 Jahr
Dauer: je 10 Minuten
Gruppe: 4 Kinder pro Spiel

Spiel- und Bewegungsideen mit Bällchenbad-Bällen

Die kunterbunten Bälle aus dem Bällebad sind ideal für Kleinkinder, um damit zu experimentieren. Auch kleine Hände können die Bälle schon gut greifen, rollen und werfen. Im Folgenden finden Sie drei Bewegungsideen mit den Bällen!

Spiel 1: Bällchenroller

MATERIAL: Bällebad-Bälle, Plastikwanne, Stuhl, dicke Pappröhren

Die Pappröhren werden senkrecht aufgestellt (Vorsicht, wenn sie umkippen! Bei Bedarf festhalten!) oder schräg auf einen Stuhl oder eine Bank gelegt. Die Kinder haben eine Plastikwanne mit Bällen, die sie durch die Röhren rollen lassen. Wenn das Papprohr schräg gestellt wird, kann ein Kind die Bälle durchrollen lassen und das zweite Kind fängt die Bälle auf und wirft sie wieder in die Wanne zurück. Sie können die Röhren auch mit Klebeband an geeigneten Stellen an der Wand oder am Tisch befestigen.

Spiel 2: Grillmeister

MATERIAL: Bällebad-Bälle, 2 Plastikschalen und 1 Holzgrillzange für jedes Kind, Handtücher

Jedes Kind sitzt/kniet vor zwei Schalen, wovon eine mit einigen Plastikbällen, die andere halb voll mit Wasser gefüllt ist. Mit der Holzgrillzange sollen nun die Bälle von der trockenen in die Wasserschale transportiert werden, ohne sie vorher fallen zu lassen. Danach geht es umgekehrt: die Bälle aus der Wasserschale in die leere Schale zurücktransportieren, was deutlich schwieriger ist, da die Bälle auf dem Wasser hin- und herhüpfen.

Idee: Annegret Frank

Spiel 3: Kugelfisch-Fischer

MATERIAL: Bällebad-Bälle, Planschbecken, kleine Fangnetze, Handtücher

Füllen Sie das Planschbecken mit Wasser. Viele bunte Plastikbälle werden auf die Wasseroberfläche geworfen. Die Kinder stehen mit kleinen Fangnetzen am Rand und versuchen, die Bälle aus dem Wasser zu fischen.

Bewegungs-landschaften

IM BEWEGUNGS-GARTEN

Alter: ab 2 Jahren
Dauer: 45 Minuten
Gruppe: alle Kinder

Eine Bewegungslandschaft im Grünen

Rasen mähen, Hecken schneiden, Unkraut zupfen: Viele Kleinstkinder finden Gartengeräte und die Arbeit damit spannend – und würden am liebsten mitmachen bei der Gartenpflege. Andere Kinder dagegen kennen vielleicht nur das Außengelände der Kita. Bei dieser Bewegungslandschaft kommen alle gleichermaßen auf ihre Kosten, denn hier sind sie selbst Akteure im Bewegungsgarten.

Einstimmung: Was gibt es alles im Garten?

Im Sitzkreis fragen Sie, was denn eigentlich ein Garten ist. Wo gibt es einen Garten (Kita, vielleicht zu Hause, vor dem Schwimmbad, im Zoo …)? Was kann man in einem Garten alles entdecken? Und was macht man eigentlich im Garten?

Idee: Britta Bartoldus

Aufwärmen: Blumenwiese und Rasen

MATERIAL: Musik, 2 Turnmatten, Kunststoffblumen, 1 großes grünes Tuch

Ein Rasen ist eine gepflegte, kurz geschnittene Grasfläche ohne Blumen und wilde Kräuter (im Gärtnerjargon: Unkräuter). Eine Blumenwiese dagegen hat lange oder kürzere Grashalme, viele wilde Blumen und wird nicht so häufig gemäht. In diesem Spiel lernen die Kinder den Unterschied ganz spielerisch. Legen Sie jeweils eine Turnmatte in zwei Ecken der Turnhalle: Eine Matte ist die Blumenwiese, die andere der Rasen. Markieren Sie die Blumenwiese, indem Sie die Kunststoffblumen auf die Matte legen. Auf dem „Rasen" breiten Sie das große, grüne Tuch aus. Die Kinder laufen zur Musik durch den Raum. Wenn die Musik stoppt, rufen Sie „Blumenwiese!" oder „Rasen!". Die Kinder laufen dann so schnell sie können zur richtigen Matte und setzen sich dort hin.

Station 1: Rutsche

MATERIAL: Langbank, Sprossenwand, Turnmatten

Hängen Sie die Langbank in die Sprossenwand ein. Sichern Sie die Rutsche vorn und an den Seiten durch Matten ab. Die Kinder klettern die Sprossenwand hoch und rutschen die Langbank hinunter.

Station 2: Rasen mähen

MATERIAL: 1 Teppichfliese für jedes Kind

Die Kinder legen die Teppichfliese mit der weichen Seite nach unten auf den Boden. Anschließend schieben die Kinder die Teppichfliese als Rasenmäher durch den Raum. Dazu machen sie natürlich die typischen Rasenmähergeräusche: „Brummmm!"

Station 3: Blumen legen

MATERIAL: runde Filzteile in verschiedenen Farben, grüne Filzstängel

Legen Sie die runden Filzteile und die grünen Stängel aus. Die Kinder versuchen, aus den Teilen eine Blume zu legen.
Variante: Um das Spiel schwieriger und bewegungsintensiver zu gestalten, können Sie die Bauteile für die Blumen in einem Korb abseits der Spielfläche lagern, sodass die Kinder für jedes Bauteil zum Korb laufen müssen.

Abschluss: Entspannungsmassage

Blumen säen
Erst wird die Erde aufgelockert.
Sanft die Haut zwicken.

Dann werden die Saatlinien gezogen.
Mit den Fingerspitzen etwa fünf Linien nebeneinander von der Schulter bis zum Gesäß ziehen.

Anschließend geben wir den Samen in die Erde.
Entlang der Linien mit einem Finger tippen.

Jetzt müssen wir die Erde zuscharren.
Mit beiden Händen parallel von den Seiten zur Wirbelsäule hin streichen.

Damit die Blumen gut wachsen, brauchen sie Wasser. Wir gießen die Blumen.
Mit den Fingerspitzen leicht auf den Rücken klopfen.

Heute scheint die Sonne.
Die Handflächen aneinanderreiben und auf den Rücken legen.

SCHMETTERLING UND OSTERHASE

Alter: ab 2 Jahren
Dauer: 45 Minuten
Gruppe: 6 Kinder

Kunterbunte Frühlingsideen für den Bewegungsraum

Im Frühling muss die Frühjahrsmüdigkeit verscheucht werden. Womit geht das besser als mit fröhlichen Spielen in der Turnhalle? Hier finden Sie ein paar einfache Spiele, die den Kindern bestimmt viel Spaß machen und sich gleichzeitig mit dem Frühling und Ostern auseinandersetzen.

Aufwärmen: Regen und Sonne

MATERIAL: Musik

Im Frühjahr gibt es ganz viel Regen, aber die Sonne scheint auch schon oft warm. Lassen Sie Musik laufen. Stoppen Sie die Musik und sagen Sie: „Es regnet" – die Kinder versuchen, wie Regentropfen zu hüpfen. Bei „Die Sonne scheint" kuscheln sich alle Kinder eng aneinander und wärmen sich.

Station 1: Der Igel erwacht aus dem Winterschlaf

MATERIAL: viele Sandsäckchen, Chiffontuch

Verteilen Sie Sandsäckchen in der Turnhalle. Diese stellen Igelfutter dar. Die Kinder sind kleine Igel und schlafen (die Kinder liegen auf der Erde). Als sie von der Sonne gekitzelt werden (berühren Sie jedes Kind mit dem Chiffontuch), erwachen die Igel aus ihrem langen Winterschlaf und krabbeln fröhlich und hungrig durch den Wald. Sie suchen sich etwas zu essen und transportieren ihr Essen (Sandsäckchen) auf dem Rücken, damit sie auf dem Weg in den Frühling immer etwas bei sich haben.

Station 2: Schmetterlinge fliegen

MATERIAL: 6 Gymnastikreifen, Handtrommel

Für dieses Spiel verteilen Sie Reifen, die die Blumen darstellen sollen, in der Turnhalle. Die Kinder verwandeln sich in Schmetterlinge und fliegen durch den Raum. Immer wenn ein großer Windstoß kommt (die Handtrommel spielen), landet der Schmetterling auf einer Blume.

Station 3: Hasen hüpfen

MATERIAL: 6 Gymnastikreifen

Verteilen Sie die Reifen im Raum. Die Kinder verwandeln sich in kleine Häschen und hüpfen im Garten herum. Manchmal hüpfen sie auch in ihren Hasenbau (Gymnastikreifen). Dabei müssen sie gut zielen, damit sie den Eingang richtig treffen. Die Kinder können nun versuchen, mit geschlossenen Füßen in den Reifen hinein- und wieder herauszuhüpfen.

Idee: Aline Kurt

Station 4: Ostereier aufsammeln

MATERIAL: viele Sandsäckchen, Plastikeier, Putzschwämme und kleine Bälle, Körbchen

Es ist Ostern und der Osterhase hat überall im Garten Ostereier versteckt. Die Kinder dürfen nun die Eier einsammeln und in ein Körbchen legen.

Verteilen Sie hierfür Sandsäckchen, Plastikeier, Putzschwämme, kleine Bälle und andere handliche Gegenstände in der Turnhalle. Die Kinder sollen diese möglichst schnell einsammeln.

Station 5: Der Hase verteilt die Ostereier

MATERIAL: viele Sandsäckchen, Plastikeier, Putzschwämme und kleine Bälle, Korb, Gymnastikreifen oder kleine Kisten

Die Kinder verwandeln sich selbst in den Osterhasen und sollen die Eier in die Nester verteilen. Legen Sie dazu zuerst alle Ostereier (Sandsäckchen, Putzschwämme, kleine Bälle) in einen Korb. Die Kinder dürfen sich nun immer ein bis zwei Eier herausnehmen und sie in die Osternester verteilen.

Als Osternester verteilen Sie Gymnastikreifen oder kleine Kisten in der Turnhalle. Sie können auch die Ostereier nach Farben sortieren lassen (rote Säckchen müssen in den roten Reifen gelegt werden etc.).

DIE ÄFFCHEN SIND LOS!

Alter: ab 1 Jahr
Dauer: 30 Minuten
Gruppe: alle Kinder

Schwung im Bewegungsraum

Kinder sind fasziniert von Tieren. Im Zoo gehören Affen oft zu den Lieblingen der Kinder. Sie sind unglaublich beweglich und bringen uns immer wieder zum Staunen und Lachen. Mit dieser Aktivität greifen Sie auf, dass kleine Kinder sehr gern die Laute und Bewegungen von Tieren nachahmen. Klettern, spielen und tanzen Sie mit Ihren Mädchen und Jungen wie die Äffchen im Urwald und bringen Sie damit Schwung in den Krippenalltag!

Einstimmung: Alle Äffchen sind da!

Begrüßung der Äffchen
Mit den Armen hin- und herwinken.
Vorstellung der Äffchen
Mit den Händen sanft auf die Brust trommeln und mit dem Kopf nicken.

Aufwärmen: Der Äffchentanz

Armeschwenken
Die hängenden Arme hin- und herschwenken.
Kopfschütteln
Den Kopf schütteln.
Äffchenwalzer
Mit dem Oberkörper hin- und herschwanken.
Äffchenballett
Sich um die eigene Achse drehen.

Station 1: Balancieren

MATERIAL: 1 Rolle Kreppklebeband

Kleben Sie einen oder zwei Klebebandstreifen (ca. 3–4 m) auf den Boden. Die Kinder dürfen über die aufgeklebten Klebebandstreifen balancieren.

Station 2: Klettern

MATERIAL: 2 kleine Turnmatten

Legen Sie die Turnmatten quer übereinander. Die Kinder dürfen über die vorbereiteten Turnmatten krabbeln.

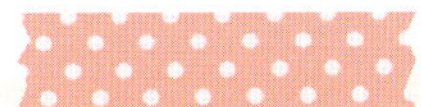

Station 3: Werfen

MATERIAL: Korb mit Stoffbällen

Stellen Sie einen Korb mit verschiedenen für Kleinkinder geeigneten Stoffbällen bereit. Die Kinder dürfen mit den Stoffbällen frei experimentieren und spielen.

Station 4: Körperpflege

MATERIAL: Körbchen mit Babyhaar-bürsten

Stellen Sie ein Körbchen mit weichen Babyhaarbürsten bereit. Die Kinder dürfen die Bürsten für die „Fellpflege" einsetzen, indem sie beispielsweise ihre Hände, Arme oder Haare damit streicheln. Sie können sich auch gegenseitig pflegen.

Station 5: Ausruhen

MATERIAL: 1 Kissen pro Kind

Legen Sie für jedes Kind ein Kissen bereit. Die Kinder dürfen sich auf den vorbereiteten Kissen ausruhen und entspannen.

Abschluss: Die Äffchenfütterung

MATERIAL: 1 Banane pro Kind

Zum Abschluss bekommt jedes Äffchen eine Banane, wenn es möchte. Nach einem gemütlichen Äffchenbeisammensein werden alle kleinen Affen verabschiedet, indem sie sich gegenseitig zuwinken.

Idee: Anna Neef

BEI DEN FRÖSCHEN

Alter: ab 2 Jahren
Dauer: 45 Minuten
Gruppe: alle Kinder

Bewegung am Seerosenteich

Man findet sie oft an Gewässern und hört ihr lautes Quaken meist schon von Weitem: Bei einem Spaziergang oder am heimischen Gartenteich können die Kinder den kleinen Hüpfern begegnen. Diese Bewegungslandschaft lädt die Kinder ins Reich der Frösche ein.

Aufwärmen: Frosch, Fliege und Teich

MATERIAL: flotte Musik

Schalten Sie die Musik an. Die Kinder laufen durch den Raum. Wenn Sie die Musik stoppen, geben Sie eines der folgenden Kommandos:

Frosch: Die Kinder hüpfen wie ein Frosch in der Hocke durch den Raum.
Fliege: Die Kinder fliegen wie eine Fliege durch den Raum.
Teich: Die Kinder legen sich auf den Bauch und schwimmen im Teich.

Station 1: Steine im Teich

MATERIAL: 6 Balanciersteine

Legen Sie sechs Balanciersteine so hin, dass die Jungen und Mädchen darüberbalancieren können.

Idee: Britta Bartoldus

Station 2: Hüpfen wie ein Frosch

MATERIAL: 2 Hüpfbälle (alternativ: Luftballons)

Die Kinder hüpfen mit den Bällen wie Frösche durch den Raum. Alternativ können die Jungen und Mädchen einen Luftballon zwischen die Beine klemmen.

Station 3: Eine Runde schwimmen

MATERIAL: 1 Schwungtuch

Legen Sie symbolisch für einen Teich ein Schwungtuch ausgebreitet auf den Boden. Die Kinder dürfen unter das Schwungtuch krabbeln.

Station 4: Von Seerose zu Seerose

MATERIAL: 8 Teppichfliesen

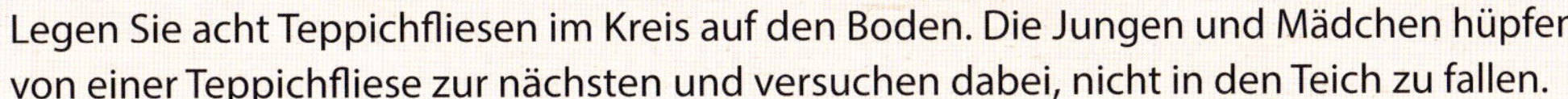

Legen Sie acht Teppichfliesen im Kreis auf den Boden. Die Jungen und Mädchen hüpfen von einer Teppichfliese zur nächsten und versuchen dabei, nicht in den Teich zu fallen.

Abschluss: Entspannen bei der Froschmassage

Der kleine Frosch Froschi erwacht aus seinem Schlaf und hüpft zum Teich.
Vom Nacken etwas zurückgehen und mit vier Fingern über den Rücken hüpfen.

Auf dem Teich öffnen sich langsam die Seerosen.
Fünf Finger aneinander- und langsam wieder auseinandergehen lassen, die Finger wieder schließen und auseinandergehen lassen.

Die Sonne steht hoch am Himmel, scheint hell und warm herunter.
Einen großen Kreis auf den Rücken malen. Die Hände aneinanderreiben bis sie warm sind, anschließend auf den Rücken legen.

Die Mücken tanzen über das Wasser.
Mit den Fingern über den Rücken tippeln.

Froschi bekommt langsam Hunger, sein Magen knurrt schon.
Grummel-Geräusche machen.

Froschi schaut den Mücken beim Tanzen zu und schwups kommt seine lange Zunge heraus und schnappt sich eine Mücke.
Mit dem Zeigefinger einen langen Strich über den Rücken zeichnen; das Ganze 3-mal wiederholen.

Nachdem Froschi seinen Appetit auf Mücken gestillt hat, hüpft er wieder nach Hause.
Mit den Fingern Hüpfbewegungen auf dem Rücken machen.

VOM SITZKISSEN ZUM KISSENTURM

Alter: ab 1 Jahr
Dauer: 30 Minuten
Gruppe: 6 Kinder

Eine weiche Bewegungslandschaft

Kleinkinder spielen gern mit Alltagsgegenständen wie Schüsseln, Knöpfe oder Wäscheklammern. Sie interessieren sich für die Dinge ihrer Umwelt und möchten die Welt der Erwachsenen zunehmend erobern. Knüpfen Sie an das Interesse der Jungen und Mädchen an und bieten Sie ihnen Kissen als Spiel- und Bewegungsanreiz an. Die Spielideen mit den Kissen können die Kinder auch zu Hause ausprobieren, sie nachspielen und weitere Spielideen entwickeln.

Einstimmung: Weich, warm und kuschelig

Kommen Sie im Sitzkreis zusammen. Jedes Kind bekommt ein Kissen und darf es untersuchen und damit experimentieren. Was kann man mit einem Kissen alles machen? Die Kinder können damit schmusen, das Kissen werfen, darauf herumspringen, sitzen oder liegen …

Station 1: Wir fahren mit der Eisenbahn

Legen Sie die Kissen hintereinander auf den Boden. Zwischen den Kissen sollte so viel Abstand sein, dass die Kinder ausreichend Platz für ihre Füße haben. Laden Sie die Kinder dann zu einer Fahrt mit der Eisenbahn ein. Bitten Sie sie, nacheinander in den Zug zu steigen. Erzeugen Sie während der Fahrt Zuggeräusche. Lassen Sie den Zug zum Schluss auch mit entsprechenden Geräuschen bremsen und alle Kinder aussteigen. Wiederholen Sie dieses Spiel beliebig oft.

Tipp: Singen Sie während des Spiels ein Eisenbahn-Lied, beispielsweise *Tschu, tschu, tschu, die Eisenbahn.*

MATERIAL

- Musik
- 1 Kissen für jedes Kind

Station 3: Wir bauen einen Turm

Bauen Sie alle gemeinsam einen Turm aus Kissen. Dazu darf jedes Kind sein Kissen als Baustein für den Turmbau einsetzen. Stürzt der Turm ein, wird noch einmal versucht, die Kissen so zu platzieren, dass der Turm stabil steht.

Station 2: Ich bin ein Eselchen

In diesem Spiel schlüpfen alle Kinder in die Rolle eines Eselchens: Sie bekommen jeweils ein Kissen auf den Rücken gelegt und dürfen die Last auf allen Vieren als Eselchen tragen.

Tipp: Singen Sie passend zum Spiel mit Ihrer Gruppe das Lied *Ein kleines graues Eselchen, trampelt durch die Welt.*

Station 4: Bewegung mit Musik

Spielen Sie im Hintergrund Musik ab und regen Sie die Kinder dazu an, sich im Raum – zusammen mit ihrem Kissen – zu bewegen. Stoppen Sie die Musik in unregelmäßigen Abständen. Die Kinder sollen sich beim Musikstopp so schnell wie möglich auf das eigene Kissen setzen.

Abschluss: Mein Kissen ist ...

Treffen Sie sich mit den Kindern in einem Sitzkreis auf dem Boden. Jedes Kind legt sein Kissen vor sich hin oder auf seinen Schoß. Stellen Sie Fragen zu den Eigenschaften der Kissen. Die Kinder dürfen ihre Kissen hochhalten, wenn ihr Kissen diese Eigenschaft trägt.

Mögliche Fragen wären: Wer hat ein weiches Kissen? Wer hat ein rundes Kissen? Wer hat ein rotes/blaues/grünes … Kissen? Wer hat ein Kissen mit Muster?

Idee: Anna Neef

DER BLÄTTERSTURM

Alter: ab 2 Jahren
Dauer: 30 Minuten
Gruppe: alle Kinder

Eine Bewegungseinheit mit Igeln, Laub und frischem Wind

Mit Igeln und wirbelnden Blättern sind die Kinder hier unterwegs in der Turnhalle oder im Bewegungsraum. So kombinieren Sie Spiel, Fantasie und Bewegung zu einem tollen Turnerlebnis.

Begrüßung: Ein Winterquartier muss her

MATERIAL: Igel-Handpuppe (alternativ: Igel-Kuscheltier), Teppichfliesen, Herbstmaterialien

Die Kinder legen mit den Teppichfliesen einen großen Sitzkreis, in der Kreismitte können alle Kinder gemeinsam aus verschiedenen Herbstmaterialien eine Landschaft gestalten.
Begrüßen Sie die Kinder im Fliesenkreis mit einer Igel-Handpuppe oder ersatzweise mit einem Igel-Kuscheltier, das Sie sprechen lassen: Der Igel erzählt vom Herbst, von den Stürmen, dass die Blätter fallen und er sich bald ein Winterquartier suchen muss. Dabei bindet er die Kinder mit Fragen in das Gespräch ein.

Aufwärmen: Regen und Sonne

MATERIAL: Musik, Falthäuser oder große Kartons

Die Kinder gehen oder laufen nach Musik im Raum herum. Wenn Sie „Regen!" rufen, müssen sich alle einen Unterschlupf suchen (Karton oder Falthaus). Rufen Sie „Sonne!", legen sich alle mit dem Rücken auf den Boden.

Station 1: Herbstblätter

MATERIAL: 1 Chiffontuch für jedes Kind, Langbank

Jedes Kind bekommt ein Chiffontuch als „Herbstblatt". Zunächst können sich die Kinder frei mit dem Tuch durch die Halle oder den Raum bewegen und für sich allein ausprobieren, wie sich das anfühlt. Dann können Sie mit den Kindern verschiedene Bewegungsformen ausprobieren:

- Die Kinder halten das Tuch als Fahne mit ausgestrecktem Arm und laufen dabei.
- Die Kinder werfen das Tuch hoch in die Luft und versuchen, es aufzufangen.
- Alle steigen auf einen „Baum" (Langbank) und bewegen ihr „Herbstblatt" (Chiffontuch) im Sturm hin und her.
- Die Kinder lassen ihr „Herbstblatt" zur Erde fallen.
- Die Kinder lassen ihr „Herbstblatt" zur Erde gleiten und hüpfen hinterher (Wiederholungen!).

Station 2: Der Igel hält Winterschlaf

MATERIAL: 1 Chiffontuch für jedes Kind, 1 weißes Laken

Die Gruppe versammelt sich wieder im Teppichfliesenkreis. Ein Kind darf die Rolle des Igels übernehmen. Die anderen stellen sich mit ihrem Chiffontuch im Kreis auf. Dann geht es mit dem Mitmachgedicht los:

Im Herbst, da fällt ein Blatt vom Baum,

so leis und zart, man hört es kaum.

Die Kinder bewegen die Chiffontücher hin und her.

Der Sturm, der bläst die Backen auf,

die Blätter wirbeln nun zuhauf.

Alle ahmen den Herbststurm nach, indem sie kräftig pusten und dann ihr Herbstblatt in die Kreismitte fallen lassen.

Da kommt ein Igel angelaufen

und kriecht unter den Blätterhaufen.

Der Igel krabbelt unter die Blätter (Tücher), während die anderen Kinder beim Zudecken helfen.

Hält seinen Winterschlaf in Ruh,

der Schnee, der deckt ihn langsam zu.

Das weiße Laken wird als „Schnee" über die Herbstblätter und den Igel gedeckt.

Abschluss: Gute Nacht, lieber Igel

Die Gruppe setzt sich noch einmal im Teppichfliesenkreis zusammen. Geben Sie das Igel-Kuscheltier oder die Igel-Handpuppe noch einmal im Kreis herum. Jedes Kind darf den Igel streicheln und, wenn es möchte, auch sagen, ob ihm die Turnstunde gefallen hat und was es am schönsten fand.

Idee: Annegret Frank

SCHNEEFLOCKEN HÜPFEN UND SPRINGEN

Eine Winter(bewegungs)landschaft

Alter: ab 2 Jahren
Dauer: 45 Minuten
Gruppe: 6 Kinder

Es schneit!
Gerade kleine Kinder sind im Winter fasziniert von Schnee und entdecken neugierig die vielen Möglichkeiten, damit zu spielen. Doch nicht immer ist die weiße Pracht zum Spielen vorhanden. Bringen Sie daher eine Winterlandschaft in Ihren Bewegungsraum und regen Sie die Kinder mit viel Fantasie zu Bewegungsspielen rund um das Thema Schneeflocken an.

Aufwärmen: Schneeflocke, Schneeball, Schneeengel

MATERIAL: Musik

Die Kinder laufen zur Musik durch den Bewegungsraum. Stoppen Sie die Musik und nennen Sie einen der folgenden Begriffe: Schneeflocke, Schneeball oder Schneeengel. Die Kinder führen dann die passende Bewegung durch:

- *Schneeflocke:* Alle Kinder hüpfen.
- *Schneeball:* Alle Kinder gehen in die Hocke und machen sich ganz klein.
- *Schneeengel:* Alle Kinder legen sich auf den Rücken und bewegen Arme und Beine gestreckt auf dem Boden.

Stellen Sie anschließend die Musik wieder an und wiederholen Sie so lange den Spielvorgang, bis die Kinder aufgewärmt sind.

Station 1: Schlittenfahrt

MATERIAL: Sprossenwand, 1 dickes Seil, 1 Rollbrett

Befestigen Sie ein dickes Seil an der Sprossenwand und stellen Sie ein Rollbrett dazu. Die Kinder können sich auf das Rollbrett setzen und am Seil entlangziehen.

Station 2: Schlittschuh laufen

MATERIAL: 8 Markierungshütchen, 4 Staubtücher

Stellen Sie auf dem Boden die Markierungshütchen auf, sodass die Umrandung eines Sees entsteht. Legen Sie in diesen Bereich Staubtücher aus, auf denen die Kinder über den Boden gleiten können und dabei über den See Schlittschuh laufen.

Station 3: Schneehügel

MATERIAL: 2 kleine Kästen, Weichbodenmatte, 4 Turnmatten

Stellen Sie zwei kleine Kästen nebeneinander auf. Legen Sie eine Weichbodenmatte mittig darüber. Sichern Sie an den Seiten die Weichbodenmatte mit den vier Turnmatten ab. Die Kinder können auf den so entstandenen Schneehügel klettern und sich runterpurzeln lassen.

Station 4: Schneeballschlacht

MATERIAL: 2 Turnmatten, alte Zeitungen

Legen Sie zwei Turnmatten nebeneinander auf den Boden. Legen Sie auf den Matten alte Zeitungen bereit. Die Kinder zerknüllen die Zeitungen zu Schneebällen und veranstalten dann eine Schneeballschlacht.

Idee: Britta Bartoldus

KARNEVAL DER TIERE

Alter: ab 18 Monaten
Dauer: 40 Minuten
Gruppe: 8 Kinder

Eine Bewegungseinheit für die Faschingszeit

Tierisch lustig wird es in dieser kleinen Turneinheit, die in die Faschingszeit passt, aber auch sonst immer wieder Spaß macht. Sie können die Spiele natürlich auch einzeln durchführen.

Aufwärmen: Was versteckt sich da?

MATERIAL: 4 verschiedene Kuscheltiere, Tuch

Verstecken Sie die vier Tiere (beispielsweise Frosch, Löwe, Pferd, Bär) unter dem Tuch. Die Kinder befühlen die Tiere und erraten, was sich unter dem Tuch befindet. Die erratenen Tiere stellen sich vor. Die Kinder sollen sich passend zu jedem Tier durch den Raum bewegen.

Idee: Britta Bartoldus

Station 1: Löwenkunststücke

MATERIAL: Turnmatte, Gymnastikreifen

Legen Sie die Turnmatte in der Mitte des Raumes auf den Boden. Die Kinder stellen sich in einer Reihe hintereinander auf. Hocken Sie sich mit dem Reifen in der Hand an das vordere Ende der Turnmatte. Immer ein Kind darf durch den Reifen springen und auf der Turnmatte landen.

Station 3: Mäuseversteck

MATERIAL: Schwungtuch

Legen Sie das Schwungtuch auf den Boden und verteilen Sie die Kinder um das Schwungtuch herum. Die Kinder dürfen als kleine Mäuse unter dem Schwungtuch krabbeln.

Station 2: Elefantenparade

MATERIAL: 1 Chiffontuch für jedes Kind

Die Kinder sind in diesem Spiel Elefanten. Die Kinder bilden mit den Armen einen Rüssel und stampfen durch den Raum. Anschließend bekommt jedes Kind ein Chiffontuch auf den Rüssel gelegt und kann damit winken.

Station 4: Hasenrennen

Die Kinder hocken sich verteilt im Raum hin. Sie berühren die Kinder und sagen entweder „Lauf, Hase!", dann darf das Kind laufen. Bei „Sitz, Hase!" hockt es sich wieder hin.

Abschluss: Tiermassage

Die Kinder finden sich zu Paaren zusammen. Ein Kind legt sich auf den Bauch, das andere Kind führt die passenden Bewegungen auf dem Rücken des Partners aus: Die Tiere bewegen sich unterschiedlich. Ameisen krabbeln, Hasen hüpfen … Können die Kinder das mit ihren Fingern nachstellen?

Ameisen: Mit den Fingerspitzen über den Rücken krabbeln
Elefant: Mit den Fäusten vorsichtig über den Rücken klopfen
Hase: Mit zwei Fingern über den Rücken hüpfen
Fisch: Mit den Händen über den Rücken schwimmen
Krokodil: Beide Hände als Maul des Krokodils beißen vorsichtig in den Rücken

Bewegen
und
entspannen.

DER WIRBELWIND WIRD MÜDE

Alter: ab 1 Jahr
Dauer: 10 Minuten

Ein Mitmachgedicht zum Ruhigwerden

Es war einmal ein Wirbelwind,
der sauste durch die Welt geschwind.
Mit den Armen den Wind darstellen.

Er drehte und er drehte sich,
brauste, wehte, freute sich.
Mit der Stimme und dem Mund das Windgeräusch nachmachen
und sich einmal um sich selbst drehen.

Er tanzte, hüpfte hin und her,
schüttelte Bäume und Menschen sehr.
Auf der Stelle hüpfen.

Dann wurd er schwächer, eins, zwei, drei,
langsamer weht' er herbei.
Langsamer die Arme bewegen.

Dann legte sich der kleine Wind,
zur Ruh ins Bett, das liebe Kind.
Sich auf den Boden legen.

Dort schlief er ruhig bis spät ins Jahr,
das fanden alle wunderbar.
Noch ein Weilchen liegen, nach Wunsch Schnarchgeräusche machen.

Idee: Tina Scherer

MÜDE KÄFER

Ein Fingerspiel als Einschlafritual

Alter: ab 1 Jahr
Dauer: 5 Minuten

Fünf kleine Käfer krabbeln in der Wiese herum.
Krabbelbewegungen mit den Fingern machen.

Ein Käfer ist müde und schläft ein.
Schnarchgeräusche machen.

Vier kleine Käfer krabbeln in der Wiese herum.
Krabbelbewegungen mit 4 Fingern machen.

Ein Käfer ist müde und schläft ein.
Schnarchgeräusche machen.

Drei kleine Käfer krabbeln in der Wiese herum.
Krabbelbewegungen mit 3 Fingern machen.

Ein Käfer ist müde und schläft ein.
Schnarchgeräusche machen.

Zwei kleine Käfer krabbeln in der Wiese herum.
Krabbelbewegungen mit 2 Fingern machen.

Ein Käfer ist müde und schläft ein.
Schnarchgeräusche machen.

Ein kleiner Käfer war jetzt ganz allein
und endlich schläft auch dieser letzte Käfer ein.
Schnarchgeräusche machen.

Idee: Michaela Lambrecht

STARK WIE EIN BAUM

Alter: ab 2 Jahren
Dauer: 30 Minuten
Gruppe: 5 Kinder

Eine Yoga-Mitmachgeschichte

In einem fernen zauberhaften Land lebt ein riesiger Berg. Sein Name ist So ham. So ham ist ein stolzer Berg. Er hat auch allen Grund dazu, denn So ham ist perfekt. Natürlich weiß So ham, dass es noch andere Berge auf der Welt gibt. Doch jeder Berg ist auf seine Art einzigartig und perfekt.
Aufrecht stehen und Gesäßmuskeln anspannen. Die Arme nach unten strecken. Position etwa 10 Sekunden halten und den Oberkörper sanft wiegen. Dann Spannung lösen.

So ham hat einen besten Freund. Sein Name ist Om. Om steht an seinem Platz neben So ham wie jeden Tag. Das Gras fühlt sich kuschelig an. Om findet das so gemütlich, dass er sich gern zusammenkuschelt. Das liebt der große, starke Baum. Dabei ist es ihm egal, was die anderen Bäume über ihn denken. Om macht immer das, was sich für ihn richtig anfühlt.
Die Beine im Sitzen an den Körper heranziehen und mit beiden Armen umarmen. Sich ganz rund machen, den Kopf auf die Knie legen (wenn möglich) und entspannt atmen.

Plötzlich hört Om Wind aufkommen. Der Wind weht erst leise und dann immer stärker.
Sanft 3-mal ein- und ausatmen, dann geräuschvoll Luft einziehen und auspusten.

Der große Baum ist ganz verwundert. Das muss er sich einmal genauer ansehen.
Aufrecht stehen, Oberkörper gerade, Füße stehen hüftbreit auseinander. Dann den linken gegen den rechten Fuß stellen.

Gern möchte der Baum wissen, wo der Wind herkommt. Dafür reckt er seine Äste nach oben. Vielleicht sieht er ja so besser, was der Wind hier will?
Die Arme langsam nach oben strecken, ein Bein anwinkeln, die Füße aber zusammen lassen. Die Zehen berühren den Boden. 2-mal laut ein- und ausatmen.

Doch der starke Baum kann nichts sehen.
Die Arme sinken lassen.

Noch einmal versucht Om, sich ganz lang zu strecken.
Seitenwechsel: Die Übung mit dem anderen Bein wiederholen.

Die beiden sind ratlos.
Schwingen Sie die Arme leicht um den Körper hin und her und schütteln Sie abwechselnd die Beine aus.

„Ich weiß, wo der Wind herkommt. Sieh mal, da hinten. Da kommt unser Freund Lam", ruft So ham, der Berg. Und tatsächlich. Plötzlich steht der Löwe vor ihnen.
Auf die Fersen setzen und die Handflächen auf die Oberschenkel legen. Die Finger spreizen und nah am Boden nach vorn führen, bis die Arme ganz gestreckt sind. Im Vierfüßlerstand die Augen so weit wie möglich öffnen und die Zunge rausstrecken. Die Position mehrere Sekunden halten, dann die Spannung lösen und zurück auf die Fersen setzen, die Arme baumeln dabei entspannt.

„Oh Lam, wie schön dich zu sehen!", rufen So ham und Om. „Ich habe dort hinten am See ein Nickerchen gemacht", erklärt Lam.
Herzhaft gähnen.

Der Baum und der Löwe machen es sich am Fuße des Berges gemütlich. Sie legen sich hin und schließen die Augen.
Hinlegen, wer möchte, deckt sich zu, Augen schließen.

Abschlussentspannung:

Schließe deine Augen. Atme langsam ein und aus. Spüre, wie du immer ruhiger wirst.
Du liegst auf einem kuscheligen Teppich aus Gras. Das Gras kitzelt dich sanft an den Füßen. Es kitzelt dich an den Beinen, deinem Po, dem Rücken und dem Kopf. Und da. Schau nur: Ein Schmetterling fliegt durch die Luft. Ist er nicht wunderschön? Schau, er hat alle Farben. Der Schmetterling kommt immer näher. Er setzt sich sanft auf deine Nase und erzählt dir ganz leise eine Geschichte. Er flüstert sie dir ins Ohr, sodass nur du sie hören kannst. Hör ihm gut zu. Wenn der Schmetterling fertig erzählt hat, wird es langsam Zeit, wieder nach Hause zu gehen. Öffne langsam die Augen und setze dich auf deine Matte. Wer möchte erzählen, welche Geschichte der Schmetterling ihm ins Ohr geflüstert hat?

Idee: Aline Kurt

WER SPRINGT UND TAPST IM WINTERWALD?

Eine Rückengeschichte zum Entspannen

Alter: ab 6 Monaten
Dauer: 10 Minuten
Gruppe: Einzelkontakt

Sanft und leise fällt der erste Schnee.
Mit den Fingern Punkte auf den Rücken malen.

Dicke Flocken versammeln sich auf dem Boden zu großen Schneebergen.
Mehrmals hintereinander sanft auf den Rücken tippen und dann einen großen Berg zeichnen.

Harry Hase staunt. So etwas hat er ja noch nie gesehen. Das fühlt sich lustig an.
Am Rücken kitzeln.

Plötzlich bleibt Harry stehen. Nanu. Was ist denn das? Erstaunt kratzt sich der kleine Hase an den langen Löffeln.
Ein Hasenohr auf den Rücken malen und das Kind sanft am Ohr berühren.

Auf dem Boden sieht er Spuren. Sie sehen so aus:
Drei Striche auf den Rücken zeichnen, die am unteren Ende zusammenlaufen.

Bald schon sieht Harry, zu wem die sonderbaren Spuren gehören. Es ist Viktoria, der kleine Vogel.
Eine auf der Seite liegende Drei zeichnen, die Bögen zeigen dabei nach unten.

Da kommt der kleine Vogel auch schon angeflogen.
Mit der Hand sanft über den Rücken wischen.

Er landet – plumps! – auf Harrys Kopf.
Die Handfläche auf den Kopf des Kindes legen.

„Wollen wir spielen?", fragt der kleine Hase. Das lässt sich Viktoria Vogel nicht zweimal sagen. Mit ihrem Schnabel sammelt sie ganz viel Schnee und lässt ihn auf Harry Hase fallen.
Sanft über den Kopf streicheln.

Während Harry und Viktoria ausgelassen im Schnee spielen, läuft ein Reh herbei. „Darf ich mitspielen?", will das Reh wissen.
Mit Zeige- und Mittelfinger über den Rücken spazieren.

„Na klar!", freuen sich die beiden und das ausgelassene Spielen im Schnee geht weiter. Alle sind sich einig: Der Winter ist so schön.
Ein lachendes Gesicht auf den Rücken malen.

Idee: Aline Kurt

Komm mit ins Leiseland

Eine ganz leise Mitmachgeschichte

Alter: ab 1 Jahr
Dauer: 15 Minuten

Kennt ihr schon das Leiseland? Dort ist alles ganz leise. Die Leiseelfen, die dort wohnen, gehen so leise, dass man sie kaum hört. Könnt ihr das auch? Dann machen wir uns jetzt auf den Weg. Ganz leise natürlich.
Leise durch den Raum gehen. Die Kinder können sich dabei an die Hand nehmen. Kinder, die noch nicht laufen können, wippen im Sitzen mit.

So, jetzt sind wir im Leiseland. Hört ihr, wie leise es hier ist? Die Leiseelfen machen nie Lärm. Wenn sie sich hinsetzen, gibt es kaum ein Geräusch. Könnt ihr euch ganz leise, leise auf den Boden setzen?
Ganz leise hinsetzen.

Nur wenn alle Leiseelfen ganz leise sind, können sie nämlich das Glöckchen hören. Und wer das Glöckchen hört, der ist für diesen Tag ein Glückskind. Kommt, wir machen uns auf die Suche nach dem Glöckchen. Vielleicht finden wir es, wenn wir ganz leise hüpfen? Könnt ihr das?
Die Kinder versuchen, ganz leise zu hüpfen. Das ist nicht einfach. Kinder, die noch nicht laufen und hüpfen können, versuchen im Sitzen, auf dem Po zu hüpfen.

Hört ihr das Glöckchen? Nicht? Dann probieren wir, jetzt ganz leise zu tanzen. Wer kann das?
Ganz leise tanzen – im Sitzen oder Stehen.

Jetzt setzen wir uns wieder hin und machen es uns bequem. Lauscht mal, hört ihr das Glöckchen?
Alle Kinder versammeln sich im Sitzkreis. Sie klingeln ganz leise mit dem Glöckchen.

Pssst, leise! Jetzt, da wir das Glöckchen gehört haben, werden wir heute sicherlich viel Glück haben. Darum gehen wir jetzt ganz leise, leise zurück. Es war schön im Leiseland.
Noch eine Runde leise im Raum umhergehen.

MATERIAL

- Glöckchen

Idee: Tina Scherer

ES GEWITTERT

Eine Massagegeschichte mit Blitz und Donner

Alter: ab 2 Jahren
Dauer: 10 Minuten

Die Sonne scheint warm auf deinen Rücken.
Die Hände flach auf den Rücken legen.

Ein leichter Wind kommt auf.
Die Hände streichen zart und langsam über den Rücken und die Schultern.

Der Wind frischt auf und treibt Wolken zu uns.
Die Bewegungen werden schneller und stärker.

Es beginnt zu blitzen,
Mit dem Zeigefinger Blitze auf den Rücken malen.

und der Donner kommt.
Mit den geballten Händen vorsichtig auf den Rücken klopfen.

Der Regen prasselt herab.
Mit den Fingerspitzen behutsam auf den Rücken trommeln.

Und der Regen wird immer stärker.
Mit den Fingerspitzen ein wenig fester trommeln.

Der Wind treibt die Wolken auseinander.
Die Hände streichen von der Wirbelsäule nach außen.

Der Regen hört auf.
Mit den Fingern nur noch kleine Tropfen auf den Rücken malen.

Die Sonne kommt wieder hervor und wärmt uns.
Die Hände fest aneinanderreiben und anschließend auf den Rücken legen.

Ein Regenbogen ist zu sehen.
Mit der Hand einen Bogen auf den Rücken malen.

Idee: Britta Bartoldus

DIE BLUMENWIESE

Der Streichelschmetterling unterwegs

Alter: ab 18 Monaten
Dauer: 10 Minuten

MATERIAL

- Feder

Heute habe ich mich bei herrlichem Sonnenschein mitten auf eine bunte Blumenwiese gelegt. Es weht ein warmer Wind, der die Blüten streichelt.
Mit der Feder über Gesicht, Hände und Arme streicheln.

Da flattert ein bunter Schmetterling durch die Luft
Die Feder an verschiedenen Stellen hin- und herbewegen.

und setzt sich auf eine Blüte,
Mit der Feder an verschiedenen Stellen tupfen.

flattert ein Stück weiter
Mit der Feder an verschiedenen Stellen leicht tupfen.

und landet auf der nächsten Blüte.
Mit der Feder über Gesicht, Hände und Arme streicheln.

Der Wind wird stärker
Mit der Feder über Gesicht, Hände und Arme streicheln.

und vertreibt den Schmetterling.
Mit der Feder an verschiedenen Stellen kitzeln.

Von dem Blütenduft angezogen, summt eine Biene daher
S-förmige Bewegungen mit der Feder über Gesicht, Hände und Arme machen.

und nippt mal hier, mal da.
Die Feder an verschiedenen Stellen hin- und herdrehen.

Wieder kommt ein Windstoß
Mit der Feder über Gesicht, Hände und Arme streicheln.

und die Biene fliegt davon.
S-förmige Bewegungen mit der Feder über Gesicht, Hände und Arme machen.

Langsam zieht die Dämmerung herauf. Die bunten Blumen schließen ihre Blätter und schlafen ein.
Mit der Feder über Stirn, Schläfen und geschlossene Augen streicheln.

Idee: Katja Krettek-Pingel

In dieser Reihe ist bereits erschienen:

Alle meine Sinne
Die schönsten Wahrnehmungsspiele für Krippenkinder
ISBN: 978-3-69046-087-9